FAO中文出版计划项目丛书

城市化进程中的粮食体系研究

联合国粮食及农业组织　世界银行　编著

安　全　于圣洁　张雪春　等　译

中国农业出版社
联合国粮食及农业组织
世界银行
2021·北京

引用格式要求：

粮农组织、世界银行和中国农业出版社。2021年。《城市化进程中的粮食体系研究》。中国北京。

07-CPP2020

本出版物原版为英文，即 *Food systems for an urbanizing world*，由联合国粮食及农业组织和世界银行于2018年出版。此中文翻译由农业农村部国际交流服务中心安排并对翻译的准确性及质量负全部责任。如有出入，应以英文原版为准。

ISBN 978-92-5-134686-0（粮农组织）
ISBN 978-7-109-28931-4（中国农业出版社）

FAO中文出版计划项目丛书

指 导 委 员 会

FAO中文出版计划项目丛书

译 审 委 员 会

本 书 译 审 名 单

致　谢

城市化进程中的粮食体系研究是世界银行集团（世界银行）全球粮食与农业实践局和联合国粮食及农业组织(粮农组织)共同努力的结果。

此研究在世界银行全球粮食和农业实践局（以下简称"AGR GP"）高级局长 Juergen Voegele 的总体战略指导下编写；AGR GP 主任 Ethel Sennhauser 为知识框架的制定提供了智力支持。AGR GP 拉丁美洲和加勒比地区（GFA04）业务经理 Preeti Ahuja 为总体技术和运营提供了指导和管理支持。AGR GP 东亚及太平洋地区（GFA02）首席农业经济学家 Steven Jaffee 在报告的修订过程中提供了技术指导。

此研究由 James Tefft [全球业务部（GFAGE）/粮农组织投资中心 AGR GP 工作组组长] 领导的团队编写，包括 Marketa Jonasova（GFAGE联合工作组组长）、Ramziath Adjao（世界银行南亚地区青年专家，GFA12）和 Anjali Morgan（GFAGE顾问）。参与本报告的其他团队成员包括 Asa Giertz（世界银行非洲地区高级农业专家，GFA13）、Friederike Mikulcak（GFAGE）、Leah Germer（GFAGE顾问）、Fang Zhang（GFAGE顾问）和 Alva Kretschmer（GFAGE）。同时，感谢 Shunalini Sarkar 和 Fang Zhang 对本文表格、图形和信息图表设计的贡献。

粮农组织为城市农业、城市粮食体系和城市营养与健康等三个方向的研究提供了技术支持，感谢 Taguchi Makiko Taguchi（农业官员）、Caroline Ledant（顾问）和 Jia Ni（顾问）；Jorge M.Fonseca（营养和粮食体系官员）、DomonkosOze（顾问）和 Ana Puhač（顾问）；Janice Meerman（顾问）和 Rosa Rolle（高级企业开发官）。Marielle Dubbeling（RUAF基金会主任）在报告整个编写过程中也提供了技术投入和指导。

感谢外部同行评审员提供的有益和有见地的反馈：Marielle Dubbeling（国际都市农业基金会主任）、Rob Vos（粮农组织农业发展经济司司长）和 Makiko Taguchi（粮农组织植物生产和保护司农业官员）。

感谢 Ziauddin Hyder（健康营养与人口全球实践高级营养专家，GHN01）、Jean Saint Geours（贸易与竞争力全球实践经济学家，GTCC）、Megha Mukim（社会、城市、农村与韧性全球实践高级城市经济学家，GSU19）给予的内部支持；感谢 Mary Kathryn Hollifield（农业和粮食全球实践首席农业经济学家，GFADR）、Sanna Liisa Taivalmaa（高级性别问题专家，GFAGE）和 Roy Parizat

（贸易和竞争力全球实践高级私营部门专家，GTCC）。

感谢粮农组织投资中心同事们提供的建议和意见：Ida Christensen（技术顾问）、Dino Francescutti（高级经济学家）、Frans Goossens（高级经济学家）、Chase Palmeri（国家方案经理）、Nuno Santos（经济学家）和 Alexandra Sokolova（经济学家）。

本研究还受益于非正式咨询小组提供的指导，该小组由 Madhur Gautam（世界银行南亚地区农业和粮食全球实践首席经济学家，GFA12）、Victor Vergara（独立评估小组首席城市专家，IEGSD）、Lorraine Ronchi（贸易与竞争力首席经济学家，GTCCS）、Eugene Moses（国际金融公司战略官，CMGAF）和 Parmesh Shah（世界银行南亚地区农业和粮食全球实践项目首席农村发展专家，GFA07）等专家组成。

内容提要

简介

全球的快速城市化正在改变我们对粮食体系的看法。1900年，全球有2%的人口生活在城市，2017年为50%，预计到2050年将达到67%。我们不再只关心让每个人填饱肚子。我们的食物类型、食用方式以及它们生长、加工和交付给消费者的方式，对人类的营养健康、全社会的工作需求以及全球的长期可持续发展都具有广泛影响。

全球城市化进程的快速发展对粮食体系及其演变、管理和表现都将产生巨大影响。城市粮食问题是城乡统筹发展的关键议题之一，它的解决方案将对实现世界银行关于促进共同繁荣和消除极端贫困的双重目标至关重要。大多数政府已意识到粮食体系的变化是应对诸多挑战的关键：创造更多更好的就业机会；应对气候变化及资源匮乏；改善营养和健康水平及保障粮食安全。换句话说，粮食体系在农业生态方面的长期可持续发展能力，抗击风险的能力，为所有人保障可负担食物的能力，对质优、安全和营养饮食的供给能力，以及农业食品部门打造实体企业并提供体面就业机会的能力，都是粮食体系需输出的关键能力，对更大的经济和社会目标具有重要意义。

粮食体系问题向来在国家和省级层面考虑，而不是市级和区级的优先安排事项，但现在开始改变了。随着城市在粮食生产和消费中的作用得到重视，人们对城市粮食体系的关心与日俱增，市、区级对粮食问题的参与程度也日益加深，分散协作反而更有利于为城市消除贫困和饥饿提供持久动力。今天，我们有必要对粮食体系地域变迁引发的问题和需求做更系统深入的研究，并将城市和城郊供需变化视为全球城乡转型的重要组成部分。

为应对粮食环境和制度格局的快速演进，世界银行全球农业实践局启动了一项进程，反思、分析并讨论世界银行应如何与其他机构合作，为各类公共、私营和民间团体推进城市粮食体系变革的努力提供最有效的帮助。《城市化进程中的粮食体系研究》是此进程的第一步。通过对与城市粮食问题、粮食体系以及城市和城郊农业问题有关文献的案头研究，本报告在分析现状和现有创新举措的基础上，围绕改善城市粮食体系问题，提出了叙述性的概念框架、主要参数和优先安排事项。

由于缺乏具有可比性的相关数据和信息，尤其是有关政策和项目（或计划）影响的经验证据，以及财政（或财务）和经济分析数据，这项涉及面广泛的调查工作受到了挑战。后续阶段的细化研究需要更多数据和以城市、国家和特定部门利益及优先项为导向的研究成果作为支撑。本内容提要着重介绍了本报告的重要发现。

建立应对全球食物需求增长的多样化粮食体系

城镇化为全球食品行业带来了7万亿美元的巨大发展机遇，同时，收入增长和中产阶级的发展壮大为女性和男性在农业、制造业和食品服务业就业创造了快速增长的就业机会。

该报告将粮食体系划分成相互交叉且快速发展的三个系统：一是传统系统，以城市批发市场、开放或湿货市场、小型独立（家庭经营）零售店为代表；二是非正规系统，以满足城市贫困人口需求，包括非正规食品供应商、餐馆以及各种正式或非正式的食品保障网络；三是现代化系统，包括现代化的批发和食品安全系统、资本密集型食品加工、集成的冷链和食品服务公司、高端物流设施、自有品牌、标签和包装以及现代化的零售店和餐饮机构。

城市粮食体系的现代化进程面临诸多挑战，一方面需要继续保留许多消费者对开放市场、小型零售店、非正规供应商的偏爱，另一方面要将现代零售和电子商务整合到他们的购物体验中。为实现粮食体系的现代化进程并促进其关键功能向更具竞争力和资源节约型（低温室气体排放）方向转变，我们需要新的

转型框架

高薪酬的就业机会和更好的农业综合企业　　粮食安全的可负担性和可获得性　　营养、多样化、质优和安全的食物　　可持续、有韧性的农业和粮食体系

便利和促进政策

开放的数据、知识和案例证据库

有效的公共和私人融资渠道

多方参与的治理机制和能力

变革性机构

投资、政策框架和组织机构，包括批发体系、市场信息与情报、食品质量与安全、冷链、运输和物流、加工以及废弃物再利用。从农村产地采购粮食，利用进口以及发展城市和城郊农业（园艺）可以增强保障粮食安全和抵御冲击的能力。

非正规的食品供应商和餐馆在保障城市贫困人口粮食安全方面发挥着重要作用。除受收入水平影响以外，城市贫困人口对食物的可获得性还与其可获得的住房、交通、时间密切相关。据粮农组织的《粮食不安全经验量表》估算，在低收入国家，城市的粮食不安全程度（50%）高于农村地区（43%）。在城市贫民窟中，粮食不安全程度估计高达90%。非正规的粮食安全网系统和创新的食物银行为许多城市的贫困人口提供了获取食物的新途径。

变革——构建未来粮食体系框架

为迎接未来的挑战与机遇，我们需重新审视粮食体系的未来目标和干预措施，以进一步提升其效能。首先，应转变粮食体系的重点，将传统的以数量为目标导向转变为实现以下四个关联成果为导向目标：

- 高薪酬的就业机会和更好的农业综合企业；
- 粮食安全的可负担性和可获得性；
- 营养、多样化、质优和安全的食物；
- 可持续、有韧性的农业和粮食体系。

实现以上关联成果将为粮食体系带来多重效益，这符合粮食智慧城市的发展愿景。其次，需要给予市级和区级政府在制度、政策和治理层面的推进工作更多关注，同时发挥私营部门和民间团体在城市粮食问题方面的积极作用。应重点考虑城市或下游粮食体系构建，这将是城乡转型中农业和农村发展的重要补充。最后，城市粮食体系本质上是多部门参与的活动，各部门及个体参与者提供的投入要素具有多样性，因而需给予其更多关注，确保各要素都能被适当地优先安排，纳入计划，获得资助并顺利执行，最终达到互补效果。这些要素共同强调了粮食体系需要进行重大变革。

本报告提出的转型概念框架对粮食体系中的如上变革进行了阐述。粮食体系的转型成果（即"RANS"）可为实现减贫和共同繁荣的目标提供助力。这些领域的进展将在很大程度上依赖各国和城市的支持政策或推动能力，这对于有效确定政策，计划和投资的优先次序，规划、设计和保障实施至关重要：变革性机构（T）；便利和促进政策（F）；开放的数据、知识和案例证据库（O）；有效的公共和私人融资渠道（R）；多方参与的治理机制和能力（M）。

应对粮食体系和市级层面的改革，需要变革性机构（T）来领导这一过程，特别是由于粮食问题历来由农业部管理，且重点放在农业生产问题上。在构建新城市粮食体系的过程中，权威的核心领导机构、多部门和利益群体参与的协调机制，以及将粮食问题纳入城市发展规划和预算的整合机制都是发展的必要条件。市政府和区政府的深度参与有利于激发务实的解决方案，这些方案可集聚必要的行业知识并为城市粮食干预做出贡献，其中大部分方案都由私营部门和民间团体付诸实施。国家部委层面也需要采取变革措施，更有效地推动市级行动，并将注意力转移到"食物"，而不只是农业。

粮食体系转型还需要推动力。便利和促进政策（F）的发展以及监管框架非常重要，包括与城市规划有关的方面，尤其是对粮食体系需求、土地使用、使用期限和技术创新的关注。公众、私营和民间团体需开放获取（O）准确、可靠且及时的数据与知识；大数据和公众科学的运用要求我们增强处理、理解和使用信息的能力。有效调动并部署公共与私有资源（R），包括财政分权、坚持透明的市政预算程序与审慎负责的财务管理，这对于资助规模化项目、吸引私有资本以创造经济上可行的投资机会同等重要。在机构、政策和流程方面的必要改革依赖于强大的地方领导力、有效的治理和问责机制，以及各级政府和不同利益相关者（M）在人才和制度上的建设能力。

本报告还提出了一个尚在修订中的城市类型学暂定模型。该模型最后将与转型（TRANSFORM）框架结合使用，帮助从业者和政策制定者为社会经济、人口结构以及粮食体系特征相似的城市提供因地制宜的发展规划和政策支持建议。

- 人口不足100万的农业乡镇；
- 100万～1 000万人口的二级城市；
- 超过1 000万人口的超级城市；
- 未来的粮食智慧城市和社区。

兼顾市级及其较大都市区的方法，提供了一种更加务实可行的发展路径，将城市特色、决策程序和预算纳入当地更广泛的政治任务考虑范畴。这个暂定模型指出，粮食体系的结构和行为除了受粮食体系内关于传统、现代以及非正规食物营销渠道等相对重要特征的影响外，还受到城市整体财富、规模和人口密度的强烈影响。随着知识的积累，修订后的更加细化的分类模型将有助于社会经济、人口结构以及粮食体系特征多样化的城市制定政策、计划与投资干预措施。

粮食体系干预措施

为实现粮食体系目标成果，根据转型框架和城市类型模型，本报告提出了一些指导性的政策、制度、技术、投资和能力建设措施。针对每项转型成果的干预领域旨在为公共、私营和民间利益相关者提供一个初步思考框架，以便分析支持政策并总结实践经验。接下来需要与市政府和中央政府进行磋商，并进行深入的经济和财务分析，在此基础上制定不同领域的具体措施。

各国政府和各利益相关方共同制定出方案、确定问题解决与目标实现相关行动的优先次序，并尤其强调解决问题有多个角度、多个切入点和多重机遇；只靠一个部门、一项计划或一个政府级别来解决问题并取得成果几乎是不可能的。它不是一个线性过程，也不是"一个行动就达成一个结果"；既定的干预措施可在转型框架内促成多项成果。

- 第一项成果领域涉及在非正规食品部门支持下创造更多更好的就业机会，促进农业食品企业的发展，尤其是推动青年和妇女就业，发展劳动力市场、中小微企业和培养企业家精神。创造良好的激励和监管环境对调动私营部门投资至关重要，这将为国内食品经济部门和区域市场发展注入可持续的包容性增长动力。
- 进一步提高粮食的可负担性和可获得性，改善粮食安全需要政策、投资、创新和能力建设等系列支持，以建立高效的现代化食物供应链，减少食物损失和浪费，并为城市脆弱人群制定有针对性的粮食供应保障计划。
- 出台健康食品消费促进政策，改善营养、质优、安全及多样化食物的供应及流通；创新合作伙伴关系（例如与餐馆），推动营养食品的集团采购；加强食品安全体系以预防食源性疾病；创新供应源头以提高水果和蔬菜的可及性和可得性。
- 建立可持续、有韧性的农业和粮食体系，通过采取改进后的新手段、新技术（例如城市闭环粮食体系或城市林业），大幅减少碳排放、保护土地并保障水资源供应。

干预措施的前提是公共、私营和民间团体之间形成强大合力和相互补充，并且意识到城乡之间的相互联系和依存就是城乡社会经济发展进程的重要组成部分。男女老少都有获得成功的机会。尽管本报告的重点放在了市级和区级层面，但某些干预措施可能在社区、国家、次区域或全球层面实施更为恰当。粮食干预措施的成功通常取决于它们与城市整体发展规划和预算安排的融合程度（作为有利条件的一部分），辅以其他部门的相关政策和投资行动，特别是在金融基础设施、宏观经济和商业环境建设方面的积极努力，并给予劳动、住房、卫生、教育和社会保障等领域足够关注。

关于项目实施的思考

每项围绕城市粮食体系问题的成果领域都有几种潜在的交付机制在发挥

作用。它们为动员利益相关者，突出特定方面，获得财政资源和响应优先事项提供了不同的切入点。在城市粮食计划发展初期，重要的是保持一定的灵活性和敏捷性，以及时响应潜在的支持与协助需求。每个项目涉及的切入点、关注重点和目标群体均有不同。潜在的项目领域包括：

- 市和市辖区政府可关注建立或加强有关粮食体系干预措施的制度和治理架构（即有利条件），并将此作为城市整体粮食计划的基础。
- 农业部可关注城市市场体系发展，可与环境和水利部合作，共同推进以市场准入和增加附加值为核心的项目，或者加强城市及城郊生产规划。
- 各国政府，无论是农业部、粮食安全秘书处，还是更高级别的政策机构，可能都希望升级国家粮食战略、政策和计划，希望获得帮助以将城市粮食体系有效纳入新发展框架。
- 私营部门的刺激计划将为粮食体系的发展提供多个解决路径，包括鼓励中小型农业食品企业发展、培养企业家精神或出台以城市为基础的财政支持政策等。
- 城市粮食体系与城市发展密切相关，并应包含在城市整体规划及项目设计中。
- 许多其他行业也可作为潜在的行动切入点，无论是与特定食品部门还是其他相关行业。例如，卫生部门关于肥胖问题或微量营养素缺乏症的项目可以整合到粮食体系中针对上述问题的干预计划中来。

无论切入点、牵头机构或参与者如何，我们都必须强调粮食体系问题的多部门性质，实施效果将得益于不同部门的贡献和协同作用。转型框架阐明了关联成果领域所提供的系统观点的重要性。

将此研究成果转化为运营项目和计划还需要在以下几个方面努力：技术援助和咨询服务；需求驱动分析和投资项目设计；相互学习、知识共享和能力发展；创新项目的伙伴关系建立，等等。当前全球参与粮食体系建设的城市仍将一如既往地继续重视并优先考虑为需求驱动型的技术援助项目提供支持。大多数市级和区级的干预措施在实施前都需要开展参与能力评估，对现有粮食体系进行初步诊断。未来还将开发系列操作工具，为技术援助和潜在干预措施设计提供更细化并以实践为依据的指导。

项目工作的开展需要一个知识体系来支撑，该知识体系受到城市经验学习的驱动，这些城市在粮食体系干预措施的设计和实施方面是有进展的。在现有干预措施和项目中，城市间的交流、从业者的能力建设等都可以为该知识体系提供经验证据。保持与现有全球城市食品网络及其技术伙伴的合作关系将有助于连续积累技术专长并培养出经验丰富的从业人员，并始终专注于目标群体需求和优先事项。

尽管许多国家和城市都希望获得技术援助、政策支持和咨询服务，但很显然，将城市粮食发展推进到一个更加完善的运营阶段还需要更强大的实践证据来支持。短期数据与分析重点应关注那些有助于产生经济、技术和社会效益的项目。在广泛关注的议题方面建立联合科研合作关系，将为行动导向型政策研究提供巨大发展潜力。对可行的城市粮食干预措施开展影响力评估，在项目技术、成本、制度安排和承载力方面产出的更精确的定量和定性数据将为未来复证与扩大应用范围打下基础。众包技术与公众科学的运用可以为参与者提供更加包容的实践机会。

与城市网络、经验丰富的技术伙伴以及不同的私营部门和民间团体参与者合作，有助于推动变革的、务实的粮食体系议程，这一议程与联合国可持续发展目标和世界银行的目标是一致的。为实现多部门计划和项目的协同效果，所有参与机构都必须致力于增强体制机制建设与开发激励措施。全球、各国、市政各级、私营部门以及民间团体间的创新伙伴关系对推进计划实施至关重要，这些创新伙伴关系将利用新兴专业知识、吸引私人资本来促进城市粮食体系发展，如餐厅厨师、建筑师和房地产开发商、全球食品企业孵化园、大学的农业经济系、食品市场协会、大数据公司和城市的非正式社会团体等。创新工作方式（例如借调）以吸引来自不同背景的经验丰富的专业人士和从业人员，为项目注入活力及必要的能力和经验。

结论

参与应对城市粮食问题的时机已经成熟。本报告对这一覆盖面广且快速发展的工作领域提供了概览，提出了转型概念框架和基于城市类型学的指导方法，探索了一系列干预指标和实施工具，并为未来开展以需求为驱动的实践奠定基础。伙伴关系在各个层级都至关重要，涉及不同部门，包括大量公共机构、私营部门和民间团体等利益群体，他们的创新思想将促进粮食体系发展。为打造一个更可持续、更有韧性、更加安全、营养和包容的城市及城郊粮食体系，充分发挥利益相关者的优势、专业知识和实操经验，并为他们提供持续参与和领导的空间，将有助于推进变革性、务实性的城市粮食发展议程。

目　录

1

引　言

长期以来，食品一直是人类社会最基本的经济商品。20世纪的学术、宣传、政策和投资都主要集中于农业生产和农村经济领域。当时大部分人（包括大多数低收入群体）生活在农村，他们的福祉高度依赖农业，因此这种集中是理所当然的。现实结果是积极的，农业发展对减贫的贡献远大于其他产业，例如，在中国和拉丁美洲，农业发展对减贫的贡献分别是其他产业的3.5倍和2.7倍。[1]如今，全球城市化进程加快，城市化率从1900年的2%增长到如今的50%，预计到2050年全球城市化率将达到67%。[2]据联合国经济和社会事务部人口司预测，2050年，90%以上的城市人口增长将来自中低收入国家，全球需要多生产50%的粮食才能养活世界近100亿的人口。[3]鉴于城市及周边地区的供需体系是全球农村转型的重要组成部分，因此，当务之急是更加深入和系统地理解并解决粮食体系因地理变化而产生的问题和需求（插文1.1）。

插文1.1 粮食体系

粮食体系包括生产、加工、销售、消费和处置农业、林业或渔业产品的所有活动，以及每个环节涉及的投入和产出。此外，还包括促进或阻碍系统变化的人和机构，以及相关的社会政治、经济和技术环境。

资料来源：粮农组织，2013.粮食和农业状况：改善营养的粮食体系。获取日期2017年6月30日。http://www.fao.org/docrep/018/i3300e/i3300e00.htm。

近年来，一些重要趋势引发了人们对粮食体系的新关注，包括粮食体系的可持续性和韧性、创造就业和提供生计机会的潜力，以及获得经济实惠、安全营养食物的基本途径。全球化和城市化的发展、中产阶层的崛起以及自动化和技术革新的迅速发展刺激了服务业的强劲增长。但全球发展不平等、脆弱性、冲突和暴力等问题日益加剧，扩大就业和共同繁荣面临严峻挑战。据联合国人居署2014年预测，全球有将近9亿人生活在贫民窟，其中大部分是贫困人口，而发展中国家居住在贫民窟的城市人口比例约为30%。[4]目前的粮食体系解决了全球超过13亿人口（不包括在非正规城市粮食体系中工作的数百万人）的就业或生计问题，成为最主要的就业来源之一。[5]然而，一方面全球仍有8亿多人食不果腹，约20亿人患有微量营养素缺乏症；但另一方面，超重或肥胖成年人比例超过1/3。此外，全球食物生产、分配和消费类型也在发生变化，并成为非传染性疾病、食源性疾病、健康状况恶化和医疗费用不断攀升的根源之一。粮食体系也是导致气候变化的主要驱动因素，约30%的温室气体（GHG）排放量来自与农业生产相关的活动。

随着全球城市化的日益发展，城镇居民膳食及来源将对农村、城市及周边地区，乃至整个粮食体系产生重大影响。如何解决城市粮食问题将会深刻影响温室气体排放、天气类型和气候变化。要养活未来不断增长的城市人口，保障价廉、充足、安全、多样且有营养食物的持续生产，我们将需要一个更具生产力和竞争力的粮食体系。目前，数十亿的成年人正在遭受食源性疾病或饥饿困扰，其中大部分来自城市地区。因此，为改善人类健康和福利，实现可持续和包容性经济增长，关键是要建立有营养且可负担的粮食供应体系。与食品生产、加工和城市市场分配有关的政策和实践也将极大影响气候变化、不可再生资源的利用以及地球健康。尽管大量贫困人口将继续生活在农村地区，除非持续采取协调一致的多边行动，否则城市贫民窟、老旧城区和难民营等城市地区的贫困人口仍将居高不下。城市要为数十亿人创造就业机会，其中很大一部分是贫穷、资源匮乏或技能不足的工人；在所有经济和城市类型中，食物供应体系（包括轻工业、服务和初级生产等）都可以成为创造就业的主要来源之一，并为包容性增长和减贫贡献力量。

民以食为天。与粮食体系相关的行动及其参与者对实现可持续的生产发展至关重要，因此单纯考虑粮食本身还远远不够。对粮食体系中关键的、动态的以及城市增长变化的系统思考帮助我们将注意力集中在价值链的下游增值环节，着力提高其生产力和竞争力，进而推动农村和城市地区的发展、增收和减贫。这将有助于振兴农村、城市及周边地区的生产经济活动，食物消费变化、市场准入和价值链竞争力等重要问题将得到更多关注。食物、生态产品和服务的多样化需要系统性的努力。在城市快速发展及城乡边界日益模糊的背景下，食物、生态产品和服务的改善有助于提升发展韧性及创造更美好的生活。最后，将粮食问题纳入多部门和多主体行动是一种更积极的方法。要建立一个在环境、社会和经济上都具有可持续性，同时具备发展韧性，负担得起，安全、营养和包容特征的粮食体系，比以往任何时候都更依赖于政府部门、公共和私营部门在政策、机制、技术和投资方面的协调一致性。

1.1 目 标

本报告旨在关联的成果框架下，调查影响城市及城郊地区未来粮食体系的关键问题，并提出影响未来项目的有效途径。本报告是确定世界银行如何与其他机构合作，帮助各个国家、市级政府以及大都市地区解决城市粮食问题的第一步。本报告旨在为一种路径设定宽泛的参数并阐述其证明结果。将城市粮食体系作为粮食和农业全球实践工作方案的一个重要组成部分，为世界银行（包括国际开发协会成员国）实现消除极端贫困和促进共同繁荣双重目标奠定了坚实基础。它融合了第 2 个可持续发展目标（SDG 2）"消除饥饿、实现粮食安全和改善营养、促进可持续农业"与第11个可持续发展目标（SDG 11）"建设包容、安全、有风险抵御能力和可持续的城市及人类居住区"，[6]同时有助于其他可持续发展目标的实现。

在此背景下，为应对这些相互关联的挑战，本报告提出了转型的概念框架。该框架假定，未来的粮食体系必须侧重于在以下四个关联成果领域产生影响：高薪酬的就业机会和更好的农业综合企业；粮食安全的可负担性和可获得性；营养、多样化、质优和安全的食物；可持续、有韧性的农业和粮食体系。以上领域是框架核心（即RANS），在这些领域取得进展将受到变革性机构和其他四个条件（即TFORM）的制约：便利和促进政策；开放的数据、知识和案例证据库；有效的公共和私人融资渠道；多方参与的治理机制和能力。为最大限度地发挥女性和男性的作用，对性别差异化的考虑和做法也是必不可少的。

1.2　方法论

本报告拟用作世界银行工作的指导材料，旨在为城市及周边区域粮食体系的建立及其后续发展提供服务，并成为基础性的实用操作手册。鉴于这是一个相对较新的领域，国家和城市在支持措施的方向上尚缺乏共识，因此，世界银行采用了迭代式、分阶段的"剥洋葱"法。在第一阶段，报告汇总了当前情况，审查现有案例，并提出可采取行动领域的优先事项。然后以这一初步论断为基础，深入研究分析细节并开发操作工具，指导从业人员设计和实施未来行动。因此，本报告对外部各方也具有一定参考价值。

鉴于食物-水-能源的关系相互依存并日益强化，影响到生活在二级城镇、郊区和城市的数十亿人口，世界银行在城市粮食体系方面的工作必须以解决贫困问题为根本，并把重点放在改善占总人口40%的底层人口的福利上。由于这里讨论的许多挑战和成果涉及各种不同社会经济水平的城镇，因而本报告还综述了世界各国及城市正在采取的创新行动。换言之，本报告试图学习借鉴全球的先进做法，无论城市贫富或地理区位。由于所有城市都在不同程度上面临粮食问题的挑战，特别是在改善城市贫民生计和粮食安全方面，现阶段高收入和低收入国家间的传统二分法并不贴切。

这项工作主要基于对与城市食物问题及城市和城郊农业（UPA）问题的文献研究。鉴于研究目的是形成一个指导性的意见和框架，因此此项工作有意识地扩大了调查范围。本报告在概念文本的基础上广泛征求了内外部同行的意见和建议。联合国粮农组织提供的与城市农业、城市粮食体系、城市营养和健康有关的三项技术贡献促进了研究工作的开展。[7]尽管出于本报告目的，尚未对世界银行数据进行深入分析，但为更好地了解城市贫困人口与相关粮食体系之间的联系，补充性的诊断工作已启动，以弥补城市粮食体系数据分析中的某些空白。

由于缺乏具有可比性的相关数据和信息，特别是在时间序列、政策或项目结果和影响的经验证据，以及相关财政（或财务）和经济分析数据，本报告及相关方法明显面临一致性的问题。虽然缺乏有力证据和定量结果可能会遭到读者的质疑，但鉴于经验数据和实践活动是有效决策的基础，本报告仍提供了重要研究成果。如前所述，未来各阶段将努力解决这些数据和分析方面的不足，包括目前未提供投资成本和与干预措施潜在回报相关的信息。

1.3　报告结构和范围

报告分为七章，并在附件中提供了由数据支撑的补充文本：
- 第1章阐述了报告背景，提出目标、概述方法论，并简要介绍了研究范围和报告的组织架构。
- 第2章探讨了正在形成议程或将影响城市粮食体系的主要驱动因素和潜在趋势。
- 第3章汇总了相关数据和信息，阐述了城市粮食体系中三个关联体系的结构和表现，包括传统、现代和主要为城市贫民服务的非正规渠道。
- 第4章介绍了与城市粮食体系成果领域相关的转型框架，这些领域包括创造就业机会，负担能力和可获得性，安全和营养，可持续性和发展韧性。本章还讨论了基于人口统计学和粮食体系标准的城市初始类型，并提出优先干预措施。
- 第5章讨论了转型框架的实施条件：变革性机构；便利和促进政策；开放的数据、知识和案例证据库；有效的公共和私人融资渠道；多方参与的治理机制和能力。
- 第6章探讨了四个关联成果领域：高薪酬的就业机会和更好的农业综合企业；粮食安全的可负担性和可获得性；营养、多样化、质优和安全的食物；可持续、有韧性的农业和粮食体系。本章为每个领域提出了一套初步的指示性干预措施和切入点，并在后续阶段中通过分析和协商来进一步完善与细化。
- 第7章综合了主要研究结果，并提出了一套推进这一重要议程的精简方法，包括潜在的干预措施和项目计划、关键信息和数据差距以及伙伴关系机会。

米娜：在生态城市（Ecopia）的碳中和生活

© Mark Stevens/Flickr. 再次使用需要进一步的许可。

2044 年，米娜移居到 Ecopia，希望那是一个能支持她生活方式的社区。米娜喜欢吃豆子和扁豆，偶尔也会来个生态汉堡，她最喜欢的是由实验室里二代细胞培养制作出来的肉汉堡；当米娜的机器人用太阳能烧烤这些肉时，它们会渗出诱人的红色肉汁。米娜也会时不时地从邻居杂货铺里买些烤鸡肉串，但她常觉得将碳中和（CN）积分花在昂贵的动物蛋白上有点不值。

实际上，Ecopia 对米娜最大的吸引力源于十年前开始试点并逐步扩大实施范围的碳中和食品政策。在生态坚果虚拟市场上，米娜每月可以通过交易她的动物蛋白信贷额度来赚钱，这对她非常有吸引力。根据生产、运输、加工、销售以及废物处理过程中排放的温室气体（GHG）以及所使用的资源量，所有食品被划分为不同的气候和可持续资源利用等级。每个市民每月得到的碳中和积分配额都会被记入手臂嵌入式的碳中和芯片中，该积分可用于购买以碳中和分数标记的食品（此标记可为正或负，取决于你如何看待它）。碳中和积分可以在商店或餐厅使用。米娜偏好碳中和食物（即 CN 值为零），因而她可以把她的碳中和积分额度卖给那些动物蛋白消耗需求更大的人。米娜从不认为自己享受食物的权益变少了，因为食品创新实验室已经掌握了人造肉技术，并能将其制作成带中国四川、法国或塞内加尔风味的美味烟熏肉干。

米娜从出售碳中和积分中获得的收入正好可以支付她购买智能公寓（Smart Part）的抵押贷款。这座公寓位于 Ecopia 智慧社区（Smart Park），是一座时尚、传感式且为资源中和型的智能公寓。和所有居民一样，米娜购买这套资源中和型智能公寓可以享受税收减免待遇。

幸运的是，米娜学过传感器工程并掌握相关知识，因而她了解整个智能园区综合体中使用的所有传感器，这恰好在市场上有很大需求。令她惊喜的是，她获得了一份监控和维修整个智能园区传感系统的工作，而这部分系统正是食物物联网的最佳应用。米娜每周仅工作25个小时，因而她有足够的时间帮助邻居建造由琼脂凝胶作为生长介质的无水微型花园。然而，米娜更喜欢泥土的感觉，因此，她仍然种植着绿豌豆和易于中和二氧化碳的植物。

最具挑战性的是处理那些将污水回收处理系统与社区花园、雾培垂直农业温室系统（该系统可以生产出最美味的叶菜和辣椒）链接在一起的传感器。我忘了提到，Ecopia是最接近闭环、零废物粮食体系的城市社区之一，该系统建立在综合的激励和监管框架下，确保几乎所有资源都得到再生、回收或再利用。

Ecopia禁止使用塑料，但米娜喜欢的新一代食品包装是由Ecopia仿生实验室开发，以食物为原材料的，使用后可在水中融化或溶解。无论从象征性还是从温控智能化角度，Ecopia被誉为最干净、最炫酷的城市之一，这令米娜感到骄傲。Ecopia的基础设施建设均采用最新一代的环保技术，包括雨水收集集成系统、雨水花园、绿色屋顶和透水路面人行道，这些基建都有助于补给含水层。

市政府、民间团体、房地产开发商、建筑师、公共事业单位和其他私营部门已经正式建立了合作伙伴关系，共同设计、建设和运营城市。只有这些参与主体达成长期合作意愿，将私营部门的利润与总体实施和资源效率挂钩，并按规定利用当地劳动力和小型企业资源时，这样的合作伙伴关系才算是真正走上正轨。幸运的是，Ecopia将节余的水和能源销售到其他城市并获得了丰厚的利润，Ecopia再通过社区创新利润分享计划对全球其他姐妹城市进行再投资。米娜非常看好Ecopia在塑造地球未来中所发挥的作用。

注：本报告中讲述的三个未来故事是为了分享一些想法，并激发对未来城市食物问题的一些思考。它们不以任何形式代表世界银行对未来粮食体系的设想。

2

城市粮食体系的主要
驱动因素和发展趋势

内容提要

- 全球已进入快速城市化进程，在非洲和亚洲尤为突显，未来90%的城市增长将发生在亚非地区。
- 随着国民收入提高，食品行业迎来了附加值增长并且就业机会增多的发展机遇，但可能会受新技术引发的就业错位影响。
- 肉制品、乳制品、方便食品、加工食品和外出就餐需求不断增长，一方面引发了营养过剩问题，另一方面微量元素缺乏症普遍存在，这些因素导致了医疗成本上升，并对粮食体系提出了新要求。
- 面对气温上升、土地利用变化和水资源短缺等问题，气候变化需要可持续的、资源节约型的粮食体系，而这些问题考验着当今的粮食安全问题并亟待提升养活增长人口的能力。
- 在被迫流离失所人数创历史新高之际，当地政府和行为主体可以通过引导创新解决方案来应对一系列的粮食和营养安全挑战。

纵观农业和社会经济发展史，城乡关系见证了资源、能力、契约和信息的强大融合和交流。然而，在过去几十年里，人口、商品和服务正加速流向城市中心。本章探讨了推动整个粮食体系结构变化的主要外部因素及发展趋势，而这些因素和趋势影响着我们应对可持续性、可承受性、营养和包容性的挑战（图2.1）。

图2.1 粮食体系形成的驱动因素

2.1 人口变化和人员流动

当今发展大势中的首要问题是人口增长、城市化、移民（自愿和非自愿）以及一些国家青年人口激增而其他国家人口老龄化突出，预计到2050年，这些因素将推动全球粮食需求增长50%～60%。

据目前数据预测，到2050年，世界人口将从2016年的74亿增加到超过90亿。[8] 其中50%以上的增长将发生在撒哈拉以南非洲，25%的增长将出现在南亚地区。[9] 目前全球城市化率约为1%，主要源自农村向城市的人口迁移。[10] 今天，全世界有一半的人口生活在城市。到2050年，这一比例将达到2/3，其中非洲和亚洲人口增长占总城市人口增长的90%。[11]

大约20%的移民生活在世界前20个大城市。由于政治或社会经济因素、冲突、暴力或其他人权问题，全世界被迫流离失所人群徘徊在6 500万左右。2015年全球被迫流离失所人数最多，达到自第二次世界大战以来的最高水平；大约60%的难民生活在城市，改变了许多城市粮食体系的运作状态。

人口年龄结构也发生了变化。在非洲北部和撒哈拉以南地区，近70%的人口低于30岁，大量的非洲年轻人正在步入工作年龄，形成人口红利。在一些脆弱国家，30岁以下人口甚至接近其总人口的3/4。相比之下，全球60岁及以上人口占总人口比例将从当今的12%上升到2050年的22%。[12]

全球超级大城市和人口在100万～1 000万之间的城市数量增加（图2.2），

● 不同类型城市的数量，人口小于30万的城市数量不详

图2.2　全球不同城市类型的人口演变

资料来源：联合国，世界人口展望。

注：①14%指占2030年城市人口比例；②1.53亿指城市人口总数量。

这将影响城市的占地面积。在某些地区，城市占地面积的增长速度快于人口增长速度，导致低密度城市中心不断增加。[13]总体而言，这刺激了城市向周边地区扩张。与此同时，城市周边地区人口增长加快，城市边缘地带低收入居民区的人口密度增加。[14]今天，全球估计有10亿人生活在非正规居住区或贫民窟。[15]到2030年，这一数字将增加到20亿，其中大部分在非洲和亚洲。[16]

2.2 城市化与经济增长

城市化与经济增长总体上是相辅相成的。城市化促进创新、规模经济和集聚效应，包括更高效的劳动力市场、更低的交易成本以及知识溢出，这些反过来又促使经济增长。[17]城市生活与经济福祉有着积极的联系。除撒哈拉以南非洲地区外，随着城市人口比例上升，总体贫困率有所下降。[18]然而，生活在城市地区的贫困人口比例也在上升，往往比总人口的增长速度更快。据调查估测，全球收入不平等现象非常严重（基尼系数[19]为0.701），如果对收入排名前1%的家庭进行调整，这一数字还会提高（插文2.1）。

插文2.1 如何在城乡演变进程中定义城市所带来的挑战

每个国家都采用适合本国国情的各种行政、经济和人口标准来界定"城市"和"农村"、"城市"和"城镇"。无论从地域还是人口层面，没有一个国际化的标准能准确划分城市或农村。"市区"（city proper）是指以行政边界为基础的城市，而"城市群"（urban agglomeration）则是指以相邻的城市或城区为边界的城市区。"大都市圈"(metropolitan area)依据邻近地区的经济和社会联系程度（例如相互关联的商业、通勤）来确定边界。本报告使用了联合国2014年《世界城市化展望》（WUP）出版物中的数据，该出版物遵循城市中的"城市群"概念。WUP根据需要使用"市区"和"大都市区"两个概念，以便收集一系列随时间变化的人口估计值。该报告使用了WUP人口数据将城市分为四类：少于30万，30万～100万，100万～1 000万，超过1 000万。

资料来源：联合国，2016年. 2016年世界城市，2017年5月20日访问. http://www.un.org/en/development/desa/population/publications/pdf/urbanization/the_worlds_cities_in_2016_data_booklet.pdf.

中小规模的"二级"城镇和城市往往比大城市对减贫的贡献更大（因为给低收入人群创造了更多的非农就业机会，而生活成本更低）。不断壮大的中产阶级和持续增长的劳动力正在推动食品市场的变化，这或将进一步加速这一趋势。[20]

劳动力持续增加（特别是在非洲和亚洲）以及潜在的人口红利为包容性

增长提供了理想机遇。然而，据估计，目前全世界有2亿人失业，就业人口中有45%以上为"脆弱就业"。据估计，全球有15亿适龄女性劳动力和年轻人"被挤出"劳动力市场，估计还有4亿年轻人将于2030年前进入劳动力市场。[21]要获取人口红利，就需要大量的投入和投资，为雇主雇佣加入就业市场的人员提供必要的条件和激励措施，尤其是考虑到75%的就业机会是由私营部门创造的，并且约80%的就业机会在城市。[22]

联合国工业发展组织（UNIDO）的分析（图2.3和图2.4）表明，随着国家向中高等收入和高收入国家行列迈进，食品饮料行业将是唯一一个劳动力密集型、技术含量低，但仍能够维持附加值增长的产业。这归因于食品工业相对较高的附加值和就业机会持续增长，从而促进了劳动生产率不断提升。[23]无论国家的收入水平如何，食品饮料行业都是各国主要且稳定的就业来源。在收入水平非常低的前工业化时代，食品饮料产业是制造业的三大主导产业之一；它以劳动密集型为特征，且增长率并不比新兴资本密集型产业低多少。随着国家变得更富有，劳动密集型产业发展放缓，资本密集型产业增长加快并带来更高的附加值，经济产业从前者向后者转变。在国民收入处于高水平的情况下，除食品饮料业外，大多数劳动密集型产业都日渐式微。食品饮料业、纺织业和服装业是制造业就业的三大来源，其他任何行业的就业和收入水平都无法与这三大行业企及。随着粮食体系的发展，技术进步带来的正反两方面的巨大影响都值得仔细分析。[24]

坦桑尼亚最新数据印证了高质量食品制造行业的就业增长潜力。分析表明，与其他行业相比，坦桑尼亚食品制造业人均产出最高，人均产出增长率第二高，提供5%的新增就业岗位。[25]粮食体系创造就业机会的强大能力在东非地区表现得更加明显，食品行业就业岗位约占城市总就业的60%。[26]

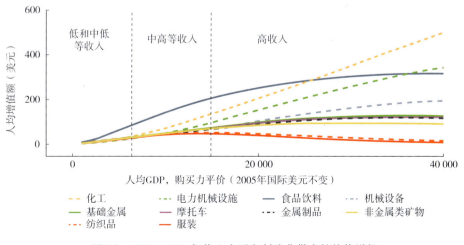

图2.3　1963—2014年收入水平和制造业带来的价值增长

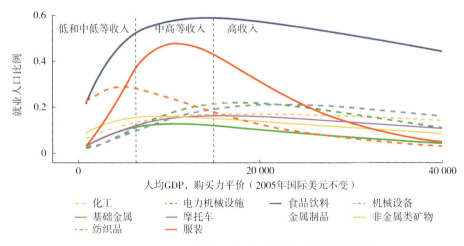

图 2.4 1963—2014 年收入水平和制造业引起的就业变化

资料来源：联合国工业发展组织（UNIDO）（2014）。

在尼日利亚、卢旺达和坦桑尼亚，粮食体系非农部分的就业增长率比农业部分更高，但由于基数较低，因此对创造新就业的贡献较小。预计在 2016—2021 年期间，尼日利亚和坦桑尼亚非农业食品系统对就业增长贡献率为 18% ~ 22%，但在卢旺达仅为 11%。[27]

在美国的城市地区，食品服务业的就业增长率也是总体就业增长率的两倍多（分别为 5.1% 和 2.3%），食品加工、服务和零售业每 10 万美元销售额就创造 2.2 个就业机会。[28] 分析表明，在美国俄亥俄州克利夫兰大都市区，25% 的大都市地区食物需求依靠当地生产，可以创造 2.5 万多个新的就业机会，有助于当地经济增长，增加税收，改善营养和健康状况，并降低碳足迹。[29]

表 2.1 非洲粮食体系中农业和非农领域就业增长情况

单位：%

	按部门划分劳动力份额			创造新增就业			预估未来就业增长（2016—2021）		
	农业部分	粮食体系中的非农部分	非粮食体系	农业部分	粮食体系中的非农部分	非粮食体系	农业部分	粮食体系中的非农部分	非粮食体系
尼日利亚	34	23	43	59	40	1	36	18	46
卢旺达	53	8	37	52	16	32	33	11	56
坦桑尼亚	47	17	35	33	11	57	32	20	48

资料来源：Allen et al.，农业食品行业中的青年就业问题研究。

注：百分比是基于全职当量（FTE）条款计算，考虑到在工作上花费的相对时间；像农业这样的季节性工作通常占 FTE 的比例更低。

劳动力份额数据分别来自：尼日利亚，2013 年；坦桑尼亚，2013 年；卢旺达，2011 年。创造就业份额的时期为：尼日利亚，2011—2013 年；坦桑尼亚，2011—2013 年；卢旺达，2006—2011 年。

2.3 食物消费、营养和健康

在过去50年里，全球农业部门在为更多的人提供更多的粮食方面做了大量工作。然而，据联合国粮食及农业组织（FAO）预测，2050年粮食、饲料和生物燃料需求将比2012年增加50%（2050年要养活97亿人）；[30]这一需求预计可能因粮食损失和浪费的减少而得到显著改善（见第6.2.2章）。

影响消费者偏好和生活方式的社会经济趋势正在推动饮食选择和食物消费发生重大变化。虽然食物消费模式的变化是全球现象，但这一现象主要起源于城市，且在城市中表现得最为突出。

尽管城市贫民的饮食得到了大幅改善，但在热量、多样性和营养方面仍显不足。贫困家庭往往把获取热量看得更重要，其次是质量。他们更愿意把稀缺资源花在经济实惠、高热量、低微量营养素、高脂肪、高糖和高盐的食物上。随着收入的增加，消费从富含碳水化合物的主食转向能量密度更高的饮食，包括精制谷物、植物油、动物产品和糖。[31]

更高的可支配收入、生活方式的改变和新的消费者偏好对便利性提出了更高要求，消费者对包装、加工和精深加工食品消耗量增大、用餐和零食消费频次更高，外出就餐比例更大（图3.5），其中很大一部分是"快餐"，包括油炸和加工食品。[32]城乡居民的消费差异也在缩小。[33, 34]

虽然收入水平影响消费者对食物的总体需求，但购买选择受到口味、价格、便利性以及消费者对产品质量的认知和信任程度的影响，其中包括安全、外观、清洁和新鲜度等标准。[35]越来越多的消费者尤其是中高收入者和使用数字媒体的人群，越来越重视价值和愿望所带来的消费偏好，包括卫生与健康、社会影响、动物福利和购物体验等。[36]这些维度与食品消费和购买行为的个性化相关，消费者会考虑他们的购买行为对营养、卫生与健康、可持续性和公平性的影响。在许多国家或高收入群体中，这些偏好体现在对当地食品的需求和与生产者直接接触的短价值链上，包括那些通过电商平台销售食物的生产者（即第一手可追溯性）。

2.3.1 加工食品

低收入国家在包装食品与加工食品消费方面的增长速度是高收入国家的5倍（图2.5），[37]特别是在大城市里，此类产品的消费量更高。导致这一趋势的部分原因在于：包装与加工产品口味更好，高效的分销渠道使其可获得性更高，广泛的广告宣传和更便捷的消费方式等。1998—2012年，全球中低收入国家精深加工休闲食品的人均零售额以每年5.45%的速度增长，其中冷冻产品和软饮料的人均零售额增长率分别达到7.7%和9.9%。[38]在非洲，加工食品消费也出现了同样的增长趋势，根据Nova食品集团数据（Nova food processing group），7个非洲国家加工食品支出占其所有食品支出的27%～58%，其中大部分是初级加工食品，而非精深加工产品。[39]

图2.5　1999—2017年亚洲加工食品人均消费增长情况

资料来源：Baker, P., & Friel, S. 2014.加工食品与营养转化：亚洲实证.肥胖评论，15（7）：564-577.

2.3.2　外出就餐消费增长

随着收入增加，世界各地的城市居民日常餐饮消费中外出就餐（FAFH）比重越来越大。外出就餐是指在家以外无论是在非正规、传统或现代市场还是商店或餐馆等场所购买加工好的食品和饮料。图2.6呈现了不同城市和国家的家庭外出就餐在家庭食品总支出中占比的巨大差异。外出就餐消费的很大一部分是加工食品。在许多城市，特别是对于低收入消费者来说，街头食品是其外出就餐的重要来源。

在尼日利亚和坦桑尼亚，外出就餐是所有类型食品消费中占比最大且增长最快的，也是产出增长最快的，这意味着自主创业的工资或回报更具吸引力。此外，外出就餐消费持续增长对就业有很大贡献，尤其是对妇女就业。在尼日利亚和坦桑尼亚，妇女在该部门全职就业人数中的占比分别达到了90%和71%。[40]

2.3.3　对营养和健康的影响

造成全球疾病负担的11大风险因素中，有6个与饮食有关。[41]高水平饱和脂肪、反式脂肪、精制碳水化合物、含糖饮料和红肉或加工肉，是引发心血管疾病的危险因素。[42,43]过量摄入盐或钠的危险性更高。2010年一项针对全球近3/4成年人的研究显示，全球平均每日钠消耗量为3.95克，几乎是世界卫生组织（WHO）建议日摄入量2.0克的两倍。

食物消费量也是人体营养和健康的决定因素。约1/2的世界人口人均热量消耗量超过了其平均每日热量需求。加上体力活动减少，摄入过量热量意味着超重和肥胖，预计全球超重和肥胖成年人将从2005年的13.3亿人增加到2030年的32.8亿人。[44]其中低收入国家年轻人体重平均增长速度比工业化国家的年轻人更快。[45]"营养过剩"增长速度惊人，导致与营养相关的非传染性疾病大幅增加。据估算，2010年这些疾病导致300万～400万人死亡。[46]在非高收入国家，由于城市某些环境因素限制了体育活动，随着非体力劳动和外出就餐人数的增加，这些疾病在城市贫穷人群中表现更为突出。尽管如此，每天仍有约8亿人饿着肚子上床睡觉，大约1/3的发育不良儿童生活在城市地区，低收入家庭儿童的比例上升至54%。[47]

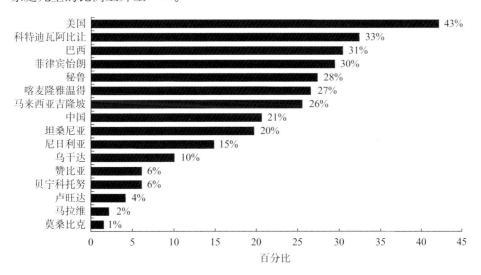

图2.6　在外就餐支出在家庭食品支出中所占比例

资料来源：Allen et al.，农业食品行业中的青年就业问题研究。

不安全的食物也会导致严重的健康问题。每年有6亿人因食用受污染的食物而生病，42万人因此死亡。[48]由细菌、病毒、寄生虫、毒素和化学物质引起的食源性疾病给公共卫生带来的负担日益加重。[49]此外，全球公共卫生成本也随之增加。在过去60年中，人畜共患病原体引发了65%以上的新发传染病事件，造成了200多亿美元的损失，估计受影响经济体的间接损失为2 000亿美元。[50]

在这种情况下，卫生部门承担着当前粮食体系造成的营养和健康问题的外部成本（或称作效益，取决于个人角度）。治疗超重或肥胖相关疾病和营养不良（包括发育不良、消瘦和微量营养素缺乏症）的直接费用估计为每年 1 万亿 ~ 2 万亿美元。[51] 家庭要承担额外的费用，包括更多的医疗费、疾病造成的收入损失，学习成绩下降，以及因认知障碍而导致的终身收入减少等损失。[52]在未来 20 年里，非传染性疾病造成的疾病负担成本将超过 30 万亿美元，预计中低等收入国家将在此项支出上大幅增长。[53]

2.4 快速的技术变革与创新

由蜂窝、数字、数据、信息通信技术（ICT）驱动的变革和创新正在以指数级别持续增长，并成为"新常态"，需要对其进行整合，以实现可持续、多样化和有韧性的生产力增长，满足未来食物需求并提高农场内外的效率、食品质量和安全。在不远的未来，六种技术将影响城市粮食体系的形态：持续的信息通信技术开发与应用；自动化与人工智能；智慧城市；农业食品技术；可再生能源、水资源及其他资源回收；大数据分析。新技术可能会完全替代某些工作，特别是手工和体力型的低技能岗位，同时创造出更多反映认知能力的高技能水平的新岗位。对各国来说，富有生产力和竞争力的粮食体系所需的技术与创造就业机会之间的关系既是重大挑战，又是机遇。

更高程度的自动化和机器人技术应用将扩展到整个粮食体系各个功能领域，包括使用机器学习[54]、3D 打印机、无人机、可穿戴/移动技术和传感器等。这些技术将使用人工智能执行重复性工作、手工作业以及完成高度专业化的、高技术工作。例如，无人驾驶、自动卡车传感器和机器学习技术可以降低物流成本，并有助于缓解城市交通拥堵，而纳米技术和移动技术则可以监测、检测和发布冷链中沙门氏菌（*Salmonella*）或李斯特菌（*Listeria*）疫情的实时预报。发展中国家人口增长和快速城市化必然要求在未来几十年内对基础设施和服务进行大量投资，这将为智慧城市或社区提供扩大食物友好型基础设施和城市农业建设的巨大机会。

食品技术在生物技术、合成生物学和纳米技术的应用正在迅速发展。源于农业和森林残留物以及城市垃圾的纤维素乙醇是未来的二代生物燃料，而厌氧消化池可以通过处理有机材料产生可再生的沼气能源（以及甲烷和二氧化碳）和肥料。无论这些技术是否有利，它们将被某些参与者、机构和国家用来提高生产和盈利能力，并获得竞争优势，特别是全球食品供应链中较大的私营部门。

2.5 气候变化与资源危机

生产和消费模式不是气候中立的。据估计，1/5的温室气体（GHG）排放源于农业、林业和土地利用的变化，[55] 城市化造成的温室气体排放量约占全球总排放量的80%，并对土地、水和能源等不可再生资源产生明显影响。[56] 面对地球变暖、更多极端天气和海平面上升等问题，粮食体系成为食物–水–能源关系的核心，因而需要更多体系、部门和利益相关者的协同合作。对粮食体系生产方面的影响已有相对较好的分析，预计农业产量将下降7%左右，缺水导致牧场产量下降。[57]

粮食体系产后环节产生的温室气体排放约占总排放量的6%，[58] 其中制冷是最大的能源密集消耗环节。[59] 粮食体系产后环节还消耗世界上21%的可用能源。[60] 生产出来而未被食用食物的碳足迹相当于约33亿吨二氧化碳当量——从人类消费、环境可持续性和经济效率角度，这是一种资源浪费。在冷链、运输、加工和零售系统发达的高收入国家，粮食体系生产端下游排放的温室气体总量尚且与生产阶段持平，而对于城市粮食体系正在快速建设的中低等收入国家来说，温室气体排放的状况就更令人担忧了。[61] 为了使全球气温上升保持在2℃的关键限值以内，到2050年，全球温室气体排放量必须减少70%。[62]

城市增长和城镇扩张对有限或稀缺资源（如土地、水和能源）的需求有很大影响。城市化影响气候变化，改变水文和生物化学循环，改变降水模式，[63] 增加污染[64]并减少了生物多样性。[65] 据预测，在城市扩张可能性大的地区，植被生物量的直接损失约占热带森林砍伐和土地利用变化造成的总排放量的5%。[66]这些变化导致城市居民在应对环境压力带来的影响方面越来越脆弱，[67] 而这其中的许多人对自然资源具有高度的依赖性。

可用淡水的减少以及能源和农业的竞争将导致2015—2050年期间城市的可用水减少2/3；水污染、基础设施不足和严重老化，以及水资源监管不到位等将加剧问题的严重性。[68]

土地成为许多大都市型城市及其城郊地区的稀缺资源。未来40年对住房、公共和办公空间以及交通服务的巨大需求将对所有参与者提出挑战，迫使我们寻找创新的解决方案。预计到2030年，城市建设面积将增加120万平方千米，约为2000年的3倍。

食物是同样重要的资源，不能浪费。据估计，人类食物供给中有1/3从未被食用（即被浪费）。从生产、加工、运输、分销、零售到消费，[69] 食物损失和浪费（FLW）现象发生于整个食物供应链的各个环节。在低收入国家，大多数食物损失和浪费发生在生产和收获后阶段，而在中高收入国家，食物损失和浪费集中在分销和消费环节。[70]在澳大利亚、欧洲、新西兰和北美，超过60%的食物损失和浪费发生在市场和消费阶段，即超市、食品和饮料零售商、家庭、餐馆和餐饮服务商。[71, 72]食物损失和浪费每年造成的损失高达9 400亿美元[73]，浪费了近1/4的农业用水[74]，占全球人为温室气体排放量的8%。[75]每年，估计有30%的谷类食品，40%~50%的根茎作物、水果、蔬菜，20%的油籽、肉类和奶制品以及35%的鱼类被损失或浪费。[76, 77]动物疾病造成的损失占全球牲畜直接损失的20%，这是食物损失和浪费的主要原因。此外，全球食物垃圾占城市固体废物的23%~67%。[78]

所有这些驱动因素会给城市粮食体系的发展和相关参与者所处的总体环境带来一定风险或冲击。风险包括但不限于气候压力、经济因素、流行病、政治不稳定性和国内冲突。由于面临风险的大多是脆弱的贫困人口，他们的生活将因此受到更大的破坏，从而导致粮食危机，以及收入、资产和机会的损失。[79]气候变化现象可能对生产者、私营公司、市及区级政府、国家以及粮食体系的正常运转产生不利影响。因此，在不扭曲激励措施和不增加经济环境不确定性的前提下，为应对这些冲击并满足弱势社区和家庭需求，制定有效且具有可预测性的措施将变得越来越重要。

2.6　区域化发展和重要利益相关方参与

世界各地的城镇、社区关于当地粮食问题的倡议和行动不断涌现，并得到越来越多且丰富多样的非国家参与者的支持。粮食政策的日益本地化以及吸纳民众智慧的城市方案解决了与粮食、农业、环境质量和可持续性、营养和社区就业等有关的各种问题。有些市政倡议源自于各种粮食运动的倡导，有些是由政治承诺所推动，有些则被视为市政当局向其公民提供的公共服务。[80]

充满活力、高度创新的民间团体正扮演着多种角色，他们既是促进者、召集者和创新者，也是倡导者、社会变革动员者，还是为生产者和微型企业主提供服务的供应商。随着民间团体与政府、企业和其他行政机构发展伙伴和联盟关系，再加上对社交媒体的策略性运用，现代商业模式和信息共享方式正在被重新定义。然而，城市群的扩张已经超越了传统城市边界，这对跨辖区治理、城市规划和跨区域服务提出了若干挑战。[81]虽然多城市群（连续的城市化带）为更大的集聚经济提供了机遇，但它们需要良好的城市规划机制、健全的土地政策和制度协调。集聚的负面影响主要表现在拥堵、污染和贫民窟的增长等方面。

2.7 对粮食体系的启示

本章所述的外部驱动因素对粮食体系的结构形成和性能发挥具有重要作用，并将对其未来演变产生持续性影响；分析的重点不在于各种因素如何影响农村地区，而在于如何影响快速扩张的城市区域。虽然每个驱动因素都已被单独讨论过，但当综合考虑时，各因素复杂交错，为粮食体系参与者提供了以下相互关联的挑战与机遇。首先，粮食体系应保障生产以向各种类型城市中不断增长的人口提供大量食物；以越来越便捷的形式和地点提供多样化食物；确保各收入水平的人群都能得到安全和营养的食物。其次，必须利用更少的土地、水和能源资源，同时减少气候影响，更高效地完成这些任务。为提供实惠健康的食物，创新技术对于提高粮食体系的生产力和竞争力至关重要，但不能以牺牲农业食品这一主要经济部门的就业为代价。最后，政府部门以及私营和民间社会利益相关方的关注和首创精神将推动地方粮食政策和投资行动，为此需要付诸更多努力并促进多国政府和多部门的协调合作。

本报告主要关注城市层面的粮食体系。考虑到如上驱动因素和发展趋势，以及其他因素对农业部门和农村经济的影响，因此，补充分析部分对许多国家也同样具有参考价值。该分析包括了对农业结构和规模的影响、生产系统的资本和劳动强度、性别和代际更迭，以及这些趋势对农业和农村地区实现转型框架成果的影响。

3

城市粮食体系

内容提要

- 粮食体系不是同质的，而是由快速发展且相互交叉的传统、现代和非正规子系统组成。
- 各个国家和城市将继续依靠多元化的途径获取食物，包括国内的长短供应链和进口。多样化的城市和城郊（以及农村）农业体系为城市市场供应食物，尤其是园艺类产品。
- 超市、餐馆、电子商务和"新价值"消费者正在推动供应链管理和物流的创新和现代化。
- 提供新鲜、便利食品的零售服务正吸引消费者前往开放市场或小型独立零售商，这些市场与现代化超市并存。
- 非正规的食品供应商和餐馆满足城市贫民需求。食物的可获得性除受收入因素影响外，还与居住条件、交通和时间等相关。
- 在低收入国家，城市的食物无保障程度高于农村地区，城市贫民的粮食不安全率上升至70%以上。非正规的粮食供应安全网有助于促进食物供应。

在过去60年里，随着城市化进程的加快、中产阶级的不断壮大、女性劳动就业的增加、技术进步以及消费者偏好和消费模式变化等因素的叠加变化，粮食体系正经历转变。本章基于前面讨论的基础，概括介绍了粮食体系的结构和演变，以及为应对不断变化的消费者需求和不断增长的食品市场机会，应运而生的大量正规和非正规的行动者和商业形态。

3.1　传统、现代和非正规的粮食子系统

城市和城郊地区的粮食体系主要有三种类型：传统粮食体系、迅速崛起的现代全球粮食体系、面向城市低收入人群的非正规粮食体系（图3.1）。这三种体系在大多数的城市类型中都有不同程度的存在，它们重叠并共享某些功能，发挥各自的优势以满足不同消费者的食物需求。然而，三种体系在参与、组织和运作方面是不同的。粮食体系可能因农作物或食品种类、国家或城市类型而异，同时也会因影响行动者动机和绩效的政策、机制、技术、投资和能力而大不相同。

为应对城市日益增长的食物需求，政府对食物来源一般都有严格限制，并将国内长短供应链与食品进口相结合。下面我们简要地讨论每一个体系。

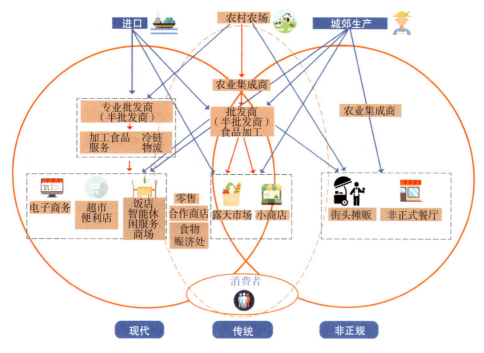

图3.1　演变中的粮食体系：现代、传统和非正规体系

3.1.1　国内食品生产

如何满足城市和大都市地区的食物需求将具体取决于食物消费的构成和演变，国内、区域及全球粮食体系的相对生产率和竞争力，以及国家粮食战略和优先政策对国内生产安排和进口便利性及成本的影响。在亚洲和西非，95%的食品消费来自国内生产，其中城市需求占2/3 ~ 3/4。[82]一些城市消费者更偏好通过较短的当地供应链购买食品。多样化的食品来源和更具灵活性的供应链，能够更好地满足消费者动态化和差异化的偏好，并使城市粮食体系更有韧性。

城市化和饮食模式变化促进了国内价值链的重大转变，尤其是对包含加工、储存、批发和物流在内的中游环节。这些变化对农村非农经济产生了积极影响，特别是对在城市辐射范围内的农村地区，城市需求拉动效应更为明显。[83]农业生产不断分化，大量的小农户成为食物的净购买者，他们只出售部分农产品，而那些靠近市场、运输要道和农业活跃地区的农民则越来越专业化，走向综合农业经营体的发展之路。[84]

对农村运输和批发市场基础设施的公共投资促进了食品价值链的延长，使其能满足世界部分地区日益增长的城市群需求。食品价值链的中游部分也有助于食品在生产、加工和分销领域向更长或更远的价值链延伸。运输系统的改善扩大了为城市中心提供服务的范围；对大型食品加工厂的投资也使规模生产和工厂选址向城市外扩散，仓储系统同样有助于分散价值链。[85]

3.1.2　城市和城郊农业生产

尽管国内价值链趋于变长，但农业生产仍在世界各地的城市与城郊地区广泛开展。历史上，城市和城郊农业（UPA）发生在相对靠近或位于市区内的位置，城市往往占据着土地质量最高的地区。城市农业占世界农业总用地的15%，如果将城市20千米以内的城郊生产区也计算在内，那城市农业占农田总用地的比例将达到40%（图3.2）。大约60%的灌溉农田，35%的雨养农田都位于城市周边20千米范围内。在撒哈拉以南非洲地区，雨养系统占主导地位，而在北非、南亚和东亚人口稠密或缺水地区，灌溉生产则更为普遍。[86]

尽管农村生产和食品进口可为目前的城市消费提供绝大部分食物，但随着人们对各种形式城市和城郊农业关注的激增及认识加深，在应对流亡人口、人道主义救援和持久危机等情况下，UPA的壮大将带来巨大发展机会。在亚洲，城市消费蔬菜的90%由城市及城郊的园艺生产供应，尤其是绿叶蔬菜。而城市和城郊农业的最新技术创新还展示了其在更高生产力、更高资源利用率（即水、能源和土地）方面越来越突出的引领和孵化作用。

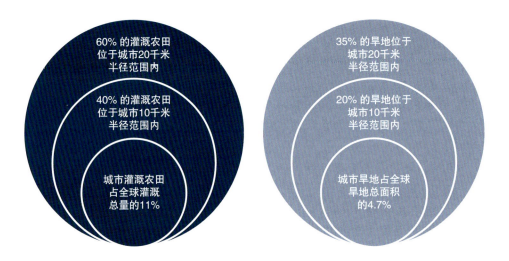

图 3.2　城市和城郊土地占全球农业用地总量的比例

资料来源：Thebo, A. L., Pay Drechsel, E. F. Lambin. 2014. 城市和城郊农业的全球评估：灌溉和雨养农田. 环境研究快报，9(11).

城市和城郊农业的类型多样且不断变化（表3.1）。城市和城郊农业系统可通过多种方式表现，包括其生长介质（土壤、无土、颗粒、凝胶基）、水源（雨水、灌溉、水雾）、自然光或人工光（LED、反光镜）、室外或室内系统、生产的产品或饲养的动物类型、位置（城市或城郊、屋顶、阳台、地下、空置地、建筑物内）、生长容器（运输集装箱、麻袋、塑料瓶、可重复使用的布、地面）、环境控制程度、所有权（个人、家庭、社区、企业）、经营规模、投入品（堆肥、肥料、农药、营养液）和系统技术（水培、气培、鱼菜共生、垂直）。如今，虽然低收入国家的城市和城郊农业包括"传统"的小规模家庭地块、中等规模的社区农场以及更大规模的商业经营等形态，但技术应用正赋予城市和城郊农业新的意义，以应对资源竞争和稀缺的高价土地有关的限制，促进更高效的水资源利用，从而实现集约化与创新（插文3.1）。

表3.1 城市和城郊农业的分类

类型	位置	生长容器	生长介质	技术	劳动力	产品
自给自足式中小型规模						
露天花园家庭、小块地、棚户区、社区	城郊、空地	地面、生长箱、棚屋	土壤		家庭作坊	蔬菜、水果、园艺花卉、种苗、牲畜
限定空间	屋顶、阳台、营地、室内	袋子、瓶子、容器、托盘	土壤、颗粒、岩石	限制水培垂直空间	家庭作坊	蔬菜、特定水果和谷物、豆类
机构绿地	学校、教堂、医院、监狱	地面、生长箱	土壤		学生、军队、公务员、犯人	水果、蔬菜、园艺花卉、种苗、牲畜
商业运营式中大型规模						
多功能农场农业、旅游休闲农业、水产养殖	城郊	地面、池塘、温室	地面、土壤、水、池塘	水产养殖池塘灌溉	薪资	种植、旅游、园艺、社交牲畜养殖、教育、研究
开放的商业农场	城市及城郊	地面	地面、土壤、水	灌溉	薪资、家庭作坊	农作物、牲畜、坚果、苗圃、堆肥、种子
温室	工业建筑	地面	珍珠岩、蛭石、湿润的土壤	气候控制、水氧涵盖	薪资	园艺、啤酒花
屋顶农业	城市	质量轻的容器、温室	营养土		薪资	园艺、浅根作物
室内农业	纵深至地下的建筑	托盘、生长箱、容器	土壤、颗粒、岩石	LED照明、垂直水培	薪资	蔬菜、水果、园艺

插文3.1 城市和城郊农业（UPA）中的性别与妇女就业

世界上近65%的城市农民是妇女，她们往往在自给自足的农业中占主导地位，而男性则在城市商业食品生产中发挥更大作用。都市农业作为一种职业，可以在离家较近的地方进行，可在不同规模、资金、技术和投入强度下开展，因而为许多妇女提供了就业便利；它使许多妇女能够有效地将儿童保育、保障粮食安全、家庭创收和环境管理等方面的多重角色有效地结合起来。在某些情况下，对于那些教育程度低、培训经历有限或因社会文化因素其流动性受到限制而无法获得正式就业机会的妇女来说，这是唯一的选择。例如，妇女在内罗毕的基贝拉贫民窟从事麻袋园艺工作，突出了UPA在改善低收入家庭食品安全和加强社会资本方面的重要作用。

满足妇女劳动者从事城市商业生产的需求是一项重大挑战，特别是在土地、资金和技术支持以及赋予妇女必要的政治和社会权力方面。尽管城市农业的实践面临挑战，但它在改善社会经济地位以及妇女赋权方面具有巨大潜力。

资料来源：Van Veenhuizen, Rene. 2006, 未来的城市农业：绿色和生产性城市的城市农业，IDRC。

3.1.3 食品进口

无论哪个国家，农产品和食品贸易在养活本国人口和确保国家粮食安全方面都发挥了重要作用。据估计，当今世界上每6人中就有1人依靠进口食品生存，进口食品是许多国家和城市人口的重要食物来源，尤其是在沿海地区。[87] 在可预见的未来，进口食品仍将继续是许多国家的重要主食来源。[88] 贸易使各国能够进口在不同气候条件和季节下生产的食物，获得通常在当地不能生产的或比国内生产更便宜的各类食品。尽管全球市场的波动性小于国内市场，而且食品进口对消费价格造成下行压力，但高度依赖进口食品可能会导致本国更容易受到贸易伙伴国政策与市场冲击的影响。[89]

据估计，全球粮食贸易占世界农业总产量的26%（以农场出厂价格为基础）和热量的20%。大豆和玉米占热量出口的50%和出口总值的21%。[90] 最主要的经济体同时也是最主要的粮食进口国（中国、德国、日本、美国等），而像新加坡这样的城市国家，其90%的粮食供应来源于进口。中东和北非地区80%的植物油、36%的禽肉和23%的糖来源于进口。[91] 亚洲对动物蛋白的需求不断攀升，为满足其饲料行业需求，可能会进一步加大对玉米和大豆进口的需求。[92] 食品加工中使用的不同类型的食品制剂和配料也进行着广泛贸易，每年以7%以上的速度增长，与加工食品消费量的增长速度相当。[93]

3.2 传统粮食体系

传统的城市粮食体系以充满活力的城市批发市场为特征，这些市场通过各种类型的农村贸易商（分销商、经销商等）和各种规模的批发商（包括较小的"半批发商"）连接到农村地区，而它们都位于以农业为基础的城镇和小城市。尽管各种现代供应渠道日益增多，但传统的城市粮食体系在非洲和亚洲城市仍占据主导地位，并在世界各地蓬勃发展。下面我们简要介绍传统城市粮食体系的模式和功能。

3.2.1 加工商

在过去几十年里，当地加工企业通过积极的本地投资来应对日益增长的食品需求，从而产生了更多的标准化产品，这些产品通过共同的分销渠道销售（例如，谷物碾磨加工品、乳制品、肉和鱼的加工品、调味品等）。[94] 食品加工行业以中小微企业为主，也有一些大型的规模企业，其中许多是外商独资企业。[95] 与其他制造业相比，食品加工行业的分散程度更高，而且通常位于小城镇或基础设施完备的中小型二级城市，那里的位置靠近原材料产地，可通过加强农业和非农业部门的上下游联系来促进减贫。[96]

3.2.2 批发市场：联结城市和农村经济

城市批发和农村集市在促进农村生产者和农业经济链接城市供应链下游方面发挥着关键性作用。在以农业为基础的城镇和小城市，二级批发市场为农村商人和小农[97]提供了与运输商和贸易商的联络渠道，而运输商和贸易商又确保了与更大城市的联系。

大型城市中心的终端批发商为不同的零售商和国内消费者提供服务，或分装产品以供出口。批发市场位于特定场所，或分散在开放市场附近，通常由公共或私营实体经营，这些实体从事场地经营、市场管理和监督并收取相应费用。[98] 批发商从各种渠道获得食品，包括来自其他区域批发商的散装货物，而这些散装货物收集自小生产者、农民合作社、承包商、食品公司和国营农场等。[99] 规模销售的产品可采取订单农业或"种植以外计划"的形式获取，买方通常会对农民未来要交付的产品和价格提出具体要求。

3.2.3　露天市场与湿货市场：生鲜产品

在传统粮食体系中，露天或湿货市场以及小型家庭式商店代表了城市消费者的两种主要零售选择。这些形式原本在中低等收入国家盛行，但如今在中高等收入国家也逐渐恢复起来，例如临近农场的市场。露天市场通常包括在有棚顶的、开放式建筑物或露天摊位上零售新鲜食品。此类型市场由政府部门或公私合营的机构来管理，它们向商贩收取场地租赁费、垃圾处理费、水电费、安保费和设施维护费。[100]露天市场主要销售新鲜水果和蔬菜、新鲜或冷冻的肉和鱼等商品。即使在现代零售业高度渗透的发展中国家，露天市场在食物销售中仍占据重要地位。许多消费者在当地的售货亭、专门摊位或小型独立零售店购买水果和蔬菜，这些商店的商品大多批发自同一个露天市场。[101]露天市场吸引城市消费者的原因很多，例如：购买到未经冷藏的最新鲜的农产品，[102]临近家庭或办公所在地，价格较低，通常比现代零售商店品类更多。[103]此外，露天市场还提供品尝和检查未包装样品的机会，提升了消费者的信任感。这些优势往往超越了人们对交通拥挤、卫生条件差、缺乏产品介绍或购物体验的担忧。[104]

3.2.4　小型独立食品零售商：便捷与服务

家庭经营的小型零售店存在于世界各地，也被称为基拉那斯（kiranas）、杜卡斯（dukas）、汉诺茨（hanoots）、瓦隆（warung）、斯帕扎斯（spazas）等为当地人所熟知的名字。这些零售店更为简单，低成本或者根本没有装饰，使用家庭劳动力，保持低库存，而且通常不缴纳税收或许可费用。[105]它们通常销售各种包装产品和特定的新鲜农产品，并提供一系列服务，并对城市消费者具有多方面的吸引力，如地理位置便利，价格较低且可以讨价还价，无标签产品，赊销，电话订购和送货上门，定制化个人服务，灵活的工作时间，以及方便的退换货服务。此外，还具备灵活应对消费者需求的能力，例如销售一个或一打鸡蛋、两片或一条面包。这些服务弥补了小型零售店在选择和数量上的劣势（包括由于电力不稳定所带来的冷冻产品经常性短缺），以及某些商店中保洁、质量和服务上的不足。[106]

3.3　现代粮食体系

考虑到所有变量和参与者的作用，现代城市粮食体系的特点体现在现代化的批发和食品安全体系、资本密集型食品加工、集成的冷链和食品服务公司、先进的物流设施、自有品牌、标签和包装、现代零售和餐饮设施以及全球一体化。批发业务可能比传统的粮食体系更加专业化，经营规模更大，并广泛采用与大型生产商签订供应合同的模式。批发商获取食品的来源广泛，包括或长或短的国内食品供应链、食品进口以及参与消费者与生产者之间的直接购买过程。现代零售业的形式与规模多种多样，其中针对中高收入群体的细分市场快速增长，这些细分市场不仅满足了中高收入消费者对食品消费和体验的需求，还满足了其不断发展的以价值和愿望驱动的偏好，包括卫生与健康、社会影响、动物福利和购物体验。[107]

在这一现代粮食体系的组成部分中，不同体系因以下因素而异：专业批发运营和采购系统的相对重要性、为餐厅提供服务的食品服务企业的发展水平、第三方物流公司为食品业务提高内部运营效率的支持能力等构成了系统的差异。该系统的另外一个特点是，大量外商直接投资，以及跨国食品公司参与了粮食体系的所有环节（批发、加工、零售、食品服务和餐厅）。事实上，跨国食品公司在中等收入国家的市场渗透水平与其在高收入国家达到的水平相当。[108]政府和机构采购（如学校、医院、办公室、监狱）在现代粮食体系中也扮演着重要角色，它们在城市粮食体系中占有很大市场份额，并影响各种预期的粮食体系成果。

3.3.1 食品加工：迅速增长的产业

在许多国家，对现代食品加工的持续投资有助于提高食物的可获得性和安全性，并减少食物损失和浪费（FLW）现象。冷冻、巴氏杀菌、真空密封和干燥食品技术是驱动这一趋势发展的因素之一，在提高效率、降低成本和满足各类质量、安全和植物检疫标准方面起到了推动作用。[109]亚洲和非洲在食品加工，尤其是在食品初加工产品方面（清洁、碾磨等）取得了进步，促进了加工食品在消费食品构成中所占比例的增长（亚洲初加工产品占58%，深加工产品占42%；东非和南部非洲中产阶级消费者购买量的70%为加工产品）。[110]

现代加工企业还是各种原料和食品制剂的大进口商。由于这些原料和制剂是食品加工的重要投入品，这也解释了此类产品进口稳步增长的原因。大型加工企业也开始以直接营销方式介入现代零售业。[111]然而，加工和物流企业目前的能力和状况还不能满足未来的城市化需求。[112]在低收入国家，通过精益制造和升级加工设施以取得规模效应的运营改造方式，预计可促使食品加工总体生产率提高约60%。[113]然而，在新价值食品渠道，特别是在有机、天然和功能性食品领域，规模较小且灵活的食品加工企业已成为响应消费者需求的领导者。

3.3.2 批发市场、物流运输、进口商

随着经济增长和发展，集中采购系统、专业批发商、首选供应商系统、

私人定制化质量标准、综合包装、分级、加工、冷链系统和运输都普遍得到了发展。[114]供应量大、迎合相对严格的私人标准的集中采购系统有助于提高效率、降低交易成本，并为消费者提供稳定的质量和有竞争力的价格。[115]此外，这些创新往往会降低一些传统批发商的数量和作用，使独立超市和小型区域连锁店难以与现代零售商竞争。一些现代体系还利用传统的分销网络（包括正规和非正规行动者）在农村地区分销加工和包装食品。[116]

然而，在许多城市粮食体系中，特别是在低收入国家，现代运输、冷链、物流和仓储仍然不够发达。公共部门和私营利益相关者需在减少城市拥堵、污染和运输成本等方面开展密切合作，评估未来的选择并提高物流效率。为顺应粮食体系现代化发展及对动态消费需求及时响应的要求，加大对冷库和现代物流的投资迫在眉睫，这也将有助于改善食品安全，并更好地向零售店、餐馆和消费者提供新鲜产品。为此，增加可再生能源电力的投资对稳定电力供应和降低能源成本至关重要，同时还要关注其他公用事业和基础设施建设。

进口商也经常同时兼具批发商、零售商和超级市场所有者的多重角色。零售商直接从进口商处采购，这些进口商在多个城市设有仓库、冷库和配送点，这有助于巩固和缩短食品进口价值链。作为分销和促销策略的一部分，进口商也可以直接供应一些较大的传统零售店。为加快产品进口进程，跨国公司在简化食品进口程序和食品安全体系方面投入巨资。

3.3.3　现代零售商：各种规模、形式及布局

现代零售业在供应链管理和物流上的创新是粮食体系现代化的主要特征。此类创新通常是在大城市发起，首先重点关注较富裕的消费者，然后通过特许经营模式向中产阶级和中低阶层以及小城镇拓展。粮食体系的目标是销售加工产品、包装产品、干货、一些进口新鲜水果和蔬菜、初级肉类加工品。

现代杂货零售业通常是自助式，除了销售各种不同品牌的优质食品外，还以其舒适性、卫生、零售空间、停车场以及常见娱乐和其他服务而倍受赞誉。[117]无论是服务站的小杂货店、现代小市场还是低收入住宅区或公共汽车站的小杂货店，[118]现代零售业也在以各种新的形式实现多样化发展。在许多城市，现代零售的存在正促使一些传统零售商放弃柜台服务，转而采用自助服务，而一些社区商店则通过为工薪家庭提供清洁和净菜业务来提高附加值。[119]

现代零售业的市场渗透程度有所提高，但也受到以下因素的影响：消费者对在露天市场和小型"传统"零售商店购物的偏好，消费者收入、是否有冷藏设施、车辆拥有率和距商店的距离，政府对进口的限制和关税，小型零售的

利润率，租赁场地的可获得性和成本，复杂而严格的劳动法和从农民那里直接采购的限制，[120]现代食品零售业的未来发展将受到以下因素影响，包括：房地产的高成本和稀缺性，消费者缺少交通工具，缺乏用于管理、运营和食品服务的熟练人工，电力供应不可靠而影响消费者购买冰箱的积极性，国内供应链不发达，质量控制不严，缺乏优选供应商，质量、外观、包装和产品一致性问题，[121]以及因技术革新而带来的新模式等问题。

3.3.4　杂货电子商务的加速发展

杂货电子商务是一种网上购物，有可能发展成为一个充满活力的增长领域。中国是企业对消费者购物模式（B to C）的领头羊。英国位居第二，拥有150亿美元的市场。为了满足消费者对便利性、价格和质量的需求，电子商务和餐馆也越来越多地满足消费者对更多区域性产品的需求。未来电子商务的发展和扩张将通过增加上网、提高智能手机普及率、开发适应拥挤城市环境的创新且具有成本效益的配送体系、发展物流和仓库基础设施以及创造适当的监管环境来进一步塑造。无论电子零售业务是否能为传统杂货店、货运公司、新的杂货电子商务公司或其他一些尚待开发的商业模式插上电商的翅膀，但电子商务显然将面临来自传统零售店的激烈竞争，需具备向消费者提供快速响应和可信赖服务的能力。[122]然而，通过电子商务销售新产品，可节省店面的固定成本，因而也可以为食品企业提供许多优势。

3.3.5　餐饮

城市餐饮服务业也在不断发展，为那些在外就餐的城市消费者提供各种形式的服务。餐厅的选择包括各种快餐店、中高档的快餐休闲店、流动摊贩、街头小吃摊，以及传统的小型休闲和高档餐厅。现代快捷服务和快餐休闲餐厅正在迅速扩张，得益于它们在更高的卫生和食品安全标准下提供了品质稳定的食品。令人愉悦的餐厅装潢和氛围吸引了中产阶级消费者，既可以满足其休闲娱乐需求，同时也反映出他们的社会地位随城市生活方式的变化而变化。[123]餐厅食品的采购源既有国内的，也有进口的，前者通常从指定的供应商处采购，以保证产品质量和一致性。外国直接投资推动了快餐服务、雅致休闲、高档餐厅等各类型餐馆在世界各地遍地开花，并通常伴随着供应链和餐饮服务的整合，以便为这些餐馆提供一致性、规范性及高质量的上游服务。

3.3.6　新消费群体关注的粮食子体系

现代体系中新兴且快速增长部分是由消费者，尤其是由城市消费者驱动的，这些消费者一系列新的价值观和愿望影响着购买决策和消费模式（第2.3节）。大部分（但不限于）中高等收入消费者越来越关注安全、卫生和健康、可持续性和公平性问题以及购物体验，新的价值链、私营食品企业和现代零售店（或现有门店的改造部分）正在响应这一高速增长的市场。为实现这一目标，他们采用了引进新产品、重新分类、关注产品安全、避免某些成分（如反式脂肪）、支持本地或全球生产商等方式。一些现代零售商甚至使用自己的"私人"标签来推销由合同制造商生产的食品。对营养食品的需求在不断增长，包括低加工、高纤维、对心脏健康有利、非转基因、本地生产、"慢"食品、天然或有机食品。[124]

在许多国家，特别是在中高等收入群体中，这些偏好往往通过供应链较短的的本地食品以及向生产者直接采购来实现，包括那些通过电子商务提供食品的生产者（即第一手可追溯性）。许多国家的食品批发商和现代零售商正在努力向主流零售商、餐饮公司和在线商店供应当地和季节性食品。阿根廷圣达菲省罗萨里奥市直接向城市酒店协会的会员酒店提供当地种植的园艺产品。圣达菲省政府还开发了"我所在地区的产品"（Producto de Mi Tierra）标签，标明食品生产的位置和质量；生产者如生产可持续性食品，还可获得20%的补贴。然而，许多地方的食物计划在寻求实现多重变革成果时（即提供可负担的、新鲜的营养食品、增加就业机会和缩短食物里程），往往受到数量要求、物流和质量标准的挑战，而这些因素可能会限制当地生产者的实际参与。[125]

3.3.7 零售店和餐厅选择偏好：融合策略

面对一系列的零售和餐厅选择，各收入水平的人多数消费者都会采取混合或多渠道购物策略来满足他们的食物需求。他们每周或每月去一次食物种类多且主要产品价格低的超市进行批量采购，或者辅以每天或每周访问露天市场或邻近零售店，或利用流动摊贩购买新鲜农产品和其他必需品。[126]城市高收入家庭在现代零售业销售中占据更大的份额，他们在现代食品店的花费是在传统食品店的两倍。

食品零售市场份额数据（图3.3）显示了传统体系（包括露天市场、湿货市场和小型独立零售店）与以大型超市为主导的多种现代零售业之间的混合发展。现代零售业在许多国家取得了重大进展，但并没有像一些人预测的那样迅速发展。传统体制下的开放市场和小型独立零售店继续占据零售市场的主体份额，在印度、印度尼西亚和越南占比80%以上。开放市场定期供应优质优价的新鲜水果和蔬菜，小型独立商店提供便捷和服务，这是帮助传统部门保持竞争优势的两个最重要的特征。

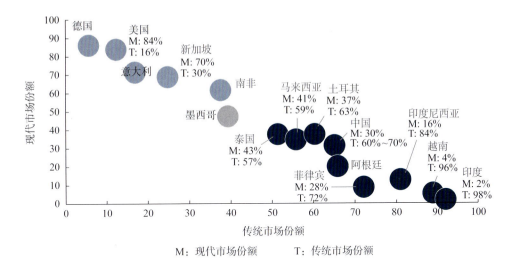

图 3.3 食品零售市场份额：现代与传统

资料来源：① 星展集团研究报告. 2015. 行业聚焦：亚洲杂货零售报告，2017年6月1日访问 https://www.dbs.com.sg/treasures/aics/pdfController.page?pdfpath=/content/article/pdf/AIO/150722_insights_whetting_asean_appetite.pdf；② Delgado, Juan. 2015. 拉丁美洲超级市场的市场结构，增长和竞争；加拿大农业和农业食品.美国零售的现代杂货.国际市场局市场指标报告.http：//www.agr. gc.ca/resources/prod/Internet-Internet/MISB-DGSIM/ATS-SEA/PDF/6365-eng.pdf；③ Yurdagul, Bulent and Neerav Agarwal. 2015. 土耳其食品零售.汇丰银行全球研究报告. 2017年6月1日访问http：//f.bigpara.com/20151126_Turkish%20Consumers_HSBC.pdf；④ Battersby, Jane and Stephen Peyton. 2014. 开普敦超市的地理位置：超市的扩张和食物的获取.城市论坛第25卷，第2期：第153-164页.荷兰施普林格，2014；⑤ Zhang等，城市的转型.

3.4 非正规体系和城市贫民

非正规粮食体系是第三个子系统，它通过非正规食品摊贩和一般不注册的餐馆为城市贫民提供餐饮服务。它在很大程度上是以现金交易为基础，其特点是小批量零售交易，涉及来自传统体系中露天或湿货零售市场或批发市场的本地和进口食品。一些供应商可能会向常客提供赊销。它还涵盖了贫困家庭用来获得食物的非正规安全网，包括从农村地区的家庭成员以及通过邻里分享而获得食物。

3.4.1 城市粮食不安全

根据粮农组织在146个国家进行的粮食不安全经历量表（FIES）[127]调查，最不发达国家50%的城市人口没有粮食保障，而农村地区为43%[128]（图3.4）。然而，在世界各地的非正规城市居住区中，70%～95%的人口受到粮食不安全的威胁。[129]粮食不安全往往与新农村移民和以妇女为中心的家庭相关联。[130]

尽管城市贫民使用各种方法来获取食物，但他们比任何其他人都更依赖于非正规市场商贩、开放市场和小型传统零售店。世界上很大一部分城市人口生活在城市外围的非正规居住区，这一人口比例在拉丁美洲为20%，撒哈拉以南非洲为55%，所有低收入国家为65%。在这些街区，非正规的小贩和餐馆占主导地位。城市贫民只能在附近小店里购买食物，尽管这些小店里的食品选择很少，而营养产品则更少。[140]在交通不便或缺少食品店的地区，人们更多地依赖非正规店铺并更频繁地购买预制食品。[141]在现代零售业市场渗透率较高的国家，城市贫民也可能会在现代零售店购买一些食品，但这比高收入家庭要少得多。[142]城市贫民的购买决策也受到以下因素的强烈制约：从超市大量运输食品的难度和成本，缺乏储存和冷藏设施，电费或煤气费支出，以及缺乏准备食物的时间或卫生区域。高流动性和长途通勤也促使城市贫民从非正规摊贩那里获取食物。[143]

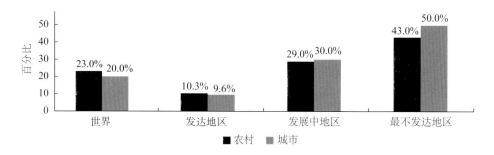

图3.4　城市和农村人口中粮食不安全的普遍性

资料来源：粮农组织2016年发布的饥饿之声（FAO's Voices of the Hungry）。

3.4.2　非正规街头摊贩：经济实惠

非正规的街头小贩或流动摊贩出售的大量食品是由城市穷人消费的，无论是通过少量零售，还是通过大量摊贩、亭、摊位、推车和小型餐馆在人行道或路边售卖经过预加工的食品。他们主要在露天临时建筑中运作，将其所有的生意材料带到销售地点。在非正规居住区，供应商可以避开城市中的各种嘈杂，而且通常不必支付租金或运输费。

无论男女都可以成为非正规的街头食品供应商。其中许多是受教育程度不高的新农村移民。[144]食品销售一般要求较高的投资，但却往往比其他非正规贸易更赚钱。[145]街头摊贩了解熟悉当地情况，并与客户建立密切关系，依靠彼此信任来克服食品安全执法不足的问题。他们从超市、批发商、新鲜农产品市场和当地农民那里采购或出售食品。[146]街头食品供应商通常在社会边缘经营，这种行业往往被视为社会和安全危害，并且随时受到干扰。[147, 148]许多摊贩能意识到卫生和安全问题，但每天仍会受到卫生不良、排水不良、废物收集不足和清洁水获取不足等健康危害的挑战。这种环境和食品安全执法的缺失，导致消费者在选择可信赖的食品供应商时态度十分谨慎。

3.4.3　社区食堂、食物银行和救济厨房

世界各地城市都有几种向城市贫民发放补贴或免费食物的方式。巴西和墨西哥的城市已经成功地开发了政府经营的社区餐厅，以补贴价格供应使用当地食品制作的营养餐。北美洲和欧洲有效地利用了食物银行和救济厨房，向需要帮助的人分发食物。食物银行主要由不同的民间团体和信仰组织管理运营，通过不同的模式从杂货店、农场和制造商那里收集过剩的食物，并将其重新分配给当地社区的家庭。[149]法国的食物银行网络受益于2016年颁布的一项法律，该法律要求超市捐赠即将到期的食品。食物银行越来越注重确保将新鲜农产品分发给有需要的人，同时提供如何用分发的食物制作营养餐的课程。

3.4.4　正规和非正规的安全网络

除了零售食品外，一些城市贫困家庭还从其农村家庭或邻居那里获得食物。在一些城市，非正规居住区的城市贫困人口中，有1/2～3/4的人从其从事农业的农村家庭获得食物。[150]其他人则通过自己生产粮食、从自己的食品销售业务或通过在家外直接消费食品来获取食物。[151]

一些国家还通过政府管理的商店或合作社以补贴价格向城市贫民提供食物，并将此作为政府粮食计划的一部分。例如，根据2013年《国家粮食安全法》的规定，大约一半的印度城市人口有权获得5千克补贴粮食。[152]然而，在一些国家，由于产品供应不足、商店关门或腐败问题，政府未能履行对所有目标受益人的粮食承诺。获得社会和物质基础设施的机会不同，加上收入低，影响了低收入群体获得和消费可负担的、安全且营养的食物的机会，也诠释了城市家庭粮食不安全的原因。[153]如果城市贫困居民将其收入的46%～66%用于食品，则粮食安全很可能是毫无保障的，而这种现象在城市外围的非正规居住区非常普遍。[154]鉴于家庭收入中用于食品支出的比例很高，食品价格成为影响家庭粮食安全的决定因素。

许多创新性社会保护计划和市政措施需同时予以重点考虑，这些计划和措施承认弱势和贫困家庭，并向他们提供援助服务，包括难民、流离失所人口和相关收容社区以及非正规居住区的工人。城市食品政策和法规必须认可非正规部门以及非国家参与者提供的这些社会经济支持服务和保障措施以及它们所发挥的作用，并制定适当措施为这些参与者提供便利和支持，同时确立适当标

准以不损害经济或环境的可持续性。

3.4.5　价格影响

有限的食品价格分析资料表明，开放市场、传统小商店、现代零售店和非正规供应商的食品售价迥异，主要取决于国家、产品类型、产品质量、门店位置、竞争强度和购买量。在印度，一些基础食品在现代渠道的零售价格低于传统渠道的零售价格，[155] 而在马达加斯加，现代零售店的食品价格比传统零售的价格高40%～90%[156]（尽管质量也会更好一些）。在对质量进行把控后，某些产品在政府支持的销售点的售价通常比传统销售点便宜。[157] 在竞争激烈且利润率相当小的食品零售环境中，一些超市可能不会通过降低价格来吸引中产阶级顾客，因为他们知道消费者被现代零售业的多种属性所吸引（包括一站式购物的便利性）。[158] 同时，由于加工食品通常用保质期较长的廉价原料制成，而且易于储存或运输，投入成本更低，所以加工食品往往比新鲜农产品便宜。

更好地了解食品价格的空间维度对于监测城市粮食体系的绩效非常重要，尤其是其水平和波动性可能会受邻里位置和渠道、零售市场类型、交易数量以及市场集中度和竞争水平的影响。由于城市贫民可能将家庭预算的50%或更多用于食品支出，他们特别容易受到价格波动的影响，从而限制其获得优质食品的机会。

埃利奥：伯格拉克（Bergerak）城市转型中心的食物

© Mark Stevens/Flickr. 再次使用需要进一步的许可。

2050年，伯格拉克正处于城市化转型的最后阶段，这是一项与营养食品和健康生活方式倡议同步实施的城市更新与复原计划。伯格拉克行政长官于2035年启动了这项计划，包括对不断侵蚀的城市基础设施进行现代化更新，减轻洪水的影响，实现经济多样化，消除肥胖及相关疾病带来的隐患等。

15年前，埃利奥所在的低收入社区曾是该计划的首批目标改造对象之一，每次下雨，街道都会被洪水淹没，而他儿时6岁的小伙伴们几乎都是肥胖儿童。为适应日益增长的腰围，与伯格拉克的富裕地区相比，埃利奥所在社区的家庭负担不起加宽入户门口的改造费和电梯安装费。面对生产力下降、过高的医疗保健成本和每年巨大的水灾修复成本，民间和私人倡导者与政府一道设计、资助和实施城市改造计划。

"吃出健康"（Eat Fit）营养计划包括：在学校和公共机构提供有营养的、产于当地的有机食品；限制食品中的盐、糖和饱和脂肪；鼓励食品企业和餐馆向提供更健康的食品过渡；用"吃出健康"取代不健康的食品广告。埃利奥和他的朋友们只知道他们非常喜欢那些新提供的营养食品。

城市改造是在绿色、食品和经济多样化的视角下设计和开展的。随着对传统自然资源需求的减少，伯格拉克的领导人重建了交通和能源基础设施，并对卫生设施和雨水系统进行了改造，以建设更具韧性和生态活力的绿色城市。这个城市重新调整了预算的优先次序，并获得了启动该计划的气候资金。对基础设施和房地产开发的创新激励保证了该计划的成功，这些激励措施保证了私营部门的长期参与，并有助于建立一个可持续的税收基础。

在童年时期，埃利奥的世界发生了变化，公园、森林、运动场和新的城市及城郊农业与新的居住区建设在了一起，而它们都是用处理后的污水和那些曾经淹没他家的雨水来灌溉的。伯格拉克市在吸引受气候和冲突折磨的难民方面胜过其他城市，获得了稳定的劳动力来确保未来经济增长，因此埃利奥得以在新学校结识了其他朋友。

埃利奥大学毕业时，附近的食品市场和商店都是由城市食品生产商以及地铁食品运输网络供应的，该网络从食品批发市场和位于城外约15公里处的农业食品加工园区Metro Food进货。埃利奥的第一份工作是在一家食品加工或者叫做基因唤醒公司工作，该公司运用第四代表观遗传学（epigenetics）和3D打印技术来实现按需生产，其产品的营养和维生素成分通过全天候（24/7）个人营养监测传感器系统确定；3D食品的形状和口味偏好可任由消费者选择。这份工作薪水很高，并提供免费午餐和优质的健康和人寿保险，而且如果你吃的是有营养的食物，并将个人体重指数和营养状况保持在食物饮食指南推荐的水平，那么你的薪水将会更高。公司和员工都认同更健康的劳动力将带来更高生产力和更低医疗成本的理念。

埃利奥的一些朋友在新地铁站和农业食品园工作，这两个地点的供能均来源于最新一代的生物燃料，这些燃料提取自城市垃圾，并在各地网格化管理的"废物—生物"工厂中转化为能源。垃圾需求量如此之高，以至于公司需向家庭购买垃圾。由于大多数货物都在地下移动或通过无人机运送到屋顶无人机平台，伯格拉克的混凝土更少，没有拥堵，空气更干净。

从童年时毗邻学校的操场上望去，埃利奥看到在操场上跑来跑去的孩子们，没有一个肥胖身材。他所能看到的只有绿树、草地和晴朗的天空。

4

通过支持具有影响力的粮食体系框架来实现城市化

关键信息

- 转型框架提出了一套相互关联的成果领域，相关粮食体系干预措施将有助于：
  - 高薪酬的就业机会和更好的农业综合企业；
  - 粮食安全的可负担性和可获得性；
  - 营养、多样化、质优和安全的食品；
  - 可持续、有韧性的农业和粮食体系。
- 这些方面的成就取决于一系列有利条件：
  - 变革性机构；
  - 便利和促进政策；
  - 公开的数据、知识和案例证据库；
  - 有效的公共和私人融资渠道；
  - 多方参与的治理机制和能力。
- 为协助调整方案和政策建议，提供了四级城市分组的初步类型：
  - 人口不足100万的农业乡镇；
  - 100万～1 000万人口的二级城市；
  - 超过1 000万人口的超级城市；
  - 未来粮食智慧城市和社区。

到目前为止，本报告明确了几个驱动力和关键趋势，这些驱动力和趋势将塑造粮食体系运行的总体环境，及其未来面临的挑战。它还讨论了这些人口、社会经济、农业气候、环境和技术等因素一直在推动粮食体系的组织和绩效发生结构性变化，并最终决定了其未来的发展方向。本章介绍了农业和粮食体系中相关关联的机构能力、有利条件和随之而来的相关成果领域的转型粮食体系框架。它还提出了城市类型学的第一个切入点（将在以后的分析阶段进一步完善），有助于为特定类型城市制定具有针对性的粮食体系干预措施。

4.1 转型框架

气候变化、粮食安全、质优营养和健康以及包容性经济增长和就业是未来粮食体系必须应对的首要挑战。考虑到他们的重要性及与减贫和共同繁荣有着深度的联系，这些挑战为确定粮食体系四个相互关联的成果领域奠定基础，并可对未来的干预措施进行观察、分析、确定优先次序和评价，最后利用转型框架的所有或多个部分进行设计、实施和测量：

- 高报酬的工作机会和更好的农业综合企业是指一种包容性的粮食体系，它为所有阶层的人口提供就业和创业的机会，公平分配增加的红利。
- 粮食安全的可负担性和可获得性与粮食体系保障粮食供应的能力有关，比如：使所有人或家庭每天都能以合理的价格获得粮食。
- 营养、多样化、质优、安全的食品是指多样化和均衡的饮食，安全、质优的食物不会使消费者面临任何疾病风险，并为身体提供必要的营养。
- 可持续、有韧性的农业和粮食体系依赖于可持续生产力、复原力和减排这三大要素。这是一种以低碳或更低碳的方式持续支持粮食体系发展的能力。

这四个相互关联的成果领域代表转型框架的核心（即代表字母"R、N、S"(图4.1)和粮食体系的多重优化。它们指明了粮食体系的重心已发生转移，从传统上以为城市人口生产和提供足够的粮食为中心，转向强调以下这些重要性日益增加的关键要素：粮食体系的长期农业生态可行性和可持续性；抵御冲击的能力；确保人人都能获得粮食的能力；获取健康生活所需的质优、安全和营养食物的能力；以及农业食品部门为企业和个人提供回报的机会。它们也代表了发展粮食智慧城市的愿景和基础。

图4.1 粮食体系框架

在一个日益相互联系和相互依存的世界中，这些挑战在全球、区域、国家、地区、城市和社区的多个层面上展开。尽管它们受到消费者个人行为的强烈影响，但它们提出了一系列同样重要的问题，与我们作为社区成员、城市居民、国家公民和地球居民的角色息息相关。自然地，这些变化和过程将对农村地区产生重大影响，因为农村地区是粮食体系中最大的粮食来源，也是逐步发展的城乡转型的另一部分。

在这些成果领域取得进展，将在很大程度上取决于各国和各城市是否有能力建立一套有利条件或"促成因素"的能力。这些有利条件或"促成因素"对于有效确定政策、方案和投资的优先次序、规划、设计和实施保障至关重要。

变革性机构（转型框架中的"T"）是有利条件的基石。为有效应对社区、市镇、都市区以及省和国家政府面临的未来粮食体系的挑战，"T"因素聚焦于重新思考机构重组、进程优化和机制再造的根本需要，变革性机构及其拥护者、承诺和推进决心是利用其他四个促成因素（即FORM）的关键，而这四个促成因素同时又是实现四个相互关联的成果领域（RANS）的核心。

便利和促进政策：在分权治理的范围内处理粮食部门问题（例如：城市一级或大都会一级），加上众多相互竞争的技术部门和其他部门，对如何设计和执行政策及方案提出了严峻的挑战。

开放的数据、知识和案例证据库：投资于数据分析以及公开透明的信息获取渠道，对于改进案例证据库在这些相对较新的领域开展规划、优先处理、设计和跟踪干预措施等工作至关重要。

有效的公共和私人融资渠道：动员和承诺为市、大都市、省和国家各级的重点公共产品提供资金，必须辅之以政策和激励措施，以吸引私人资本来寻求经济上可行的投资机会。

多方参与的治理机制和能力：在机构、政策和流程方面的必要改革依赖于强大的地方领导力、有效的治理和问责机制，以及各级政府和不同利益相关者在人才和制度上的建设能力。

下面的章节从实际开展的角度更详细地阐述了转型概念框架。第5章阐述了支持政策。第6章提出了为取得相互关联的粮食体系领域的成果而应重视的四大干预领域。

4.2 响应粮食体系变化的新兴城市类型

根据具体情况了解农业粮食体系在城市和城市周边地区中存在的具体挑战和驱动因素，以及制定可行的解决办法，是在这一议程上取得有效进展的必要条件。城市类型学的发展有助于将粮食体系干预措施应用于更多具有类似特点的城市集团。虽然我们在根据特定变量（例如，人口统计、资源基础、地理位置、农业生态条件、气候特征）确定具有全球代表性的城市概况方面已做出许多努力，但仍在努力地尝试设计一个通用或多用途的城市和大都市地区类型。随着人们对粮食体系的关注，以及改进的数据和证据基础更加能够对差异化特征和转型框架（TRANSFORM）进行更加精细的分析，城市类型学必将获得更大程度的发展。

4.2.1　不断发展的城市和城郊治理空间中的粮食体系

由于缺乏界定"城市"和"农村"、"城市"和"城镇"、"城市群"和"都市区"的国际标准（第2章，插文2.1），以及世界上大多数地区迅速发展的城市和城郊空间（除了数据不完整和缺乏分析基础外），因此很难确定针对特定目标的城市和城镇类型提出建议的干预措施。[150]但是，食品问题不可能只被限定在一个便利而静态的市区或省级政府管辖边界内。正如已建成的城市地区将行政城市边界延伸到相邻的管辖区一样。同样，在繁华城市、城郊和农村中，粮食体系问题也超出了多层次的分权政府管辖。"城市区域"一词使用的频率越来越高，究其原因是我们认识到，城市粮食问题往往必须从更大的区域或地区角度加以考虑，其中包括繁华城市、城郊和农村地区以及粮食体系运作的多个管辖区（插文4.1）。[151]

插文4.1　城市区域粮食体系

城市区域粮食体系是一个概念，指的是"一个在特定地理区域内存在的与粮食生产、加工、销售和消费相关的执行者、流程的关系网络系统，其中包括一个相对繁华的市中心及其周围的城郊和农村地区——一个人口流动的区域，商品和生态系统服务得到管理"（粮农组织，2013）。在实践中，由于界定边界的复杂性、城市规划过程中对粮食问题(例如自然资源管理)的优先考虑程度相对较低、政府各单位机构任务规定和相互联系存在差距和功能重叠，并缺少功能性的多利益攸关方平台，这些问题受到了挑战。

资料来源: Forster, T., F.Egal, A.Getz-Escudero, M.Dubbeling 和 H.Renting。2015.米兰城市政策协定：来自城市的一些良好做法。Fondazione Giangiacomo Fektrinelli，意大利。查阅2017年6月1日。http://www.foodpolicymilano.org/en/ebook-good-practice-en/。

发展城市类型学会部分取决于潜在的项目切入点和实施步骤的制约；而这些决定因素又将受到具体背景、需解决的优先问题以及政府参与单位的政治利益的强烈影响。将市政当局及其更大的都市区同时纳入考虑范畴的方法似乎提供了一条务实的前进道路，它将市辖区的特殊性、程序和预算与大都市区或城市区域更广泛的政治任务结合起来。一个"都市区"大致符合联合国对城市群的统计重点，城市群根据一个毗连的城市或建成区划定边界。这也符合未来方案的扶贫重点，因为许多低收入居民区往往位于远离市中心的城市边缘地带。最后，都市区的关注点与观察结果一致，即一些城市正在向外发展，而不是向上发展，人口密度更低，分布在更大区域。

这一市政/大都市办法也符合世界许多地区的经验。例如，中国为经济发展使用了三种城市-区域机制类型："大都市化"的行政兼并；巩固城市集群和协调基础设施发展的战略区域计划；以及城市间协调的区域机构。[152] 在许多大城市，政府间的协调是最大挑战。例如，在中国南京都市区的南京市，有400多个实体被划分成四个层级的行政级别：市（市）；11个区（区）；100个街道（街道）；307个居委会（或村委会），每个居委会有一个或多个社区（社区或小区）。[153] 国家以下各级政府的这种体制复杂性突出表明了支持政策的重要性（第5章），特别是变革性机构（T）。

4.2.2　社会经济和人口标准

中等和低收入国家的城市将是相关城市粮食体系干预的重点，这也符合世界银行的目标。城市的社会经济水平是城市分类的第一标准。然而，目前还没有一套全面的数据或指标，使人们能够根据人均收入或其在人口中的分布情况对城市进行系统分类。世界上许多特大城市都有收入概算，但大多数中小型城镇却没有。因此，很难按收入水平对世界上大多数城市进行分类。同样，用于估算城市和都市区收入不平等的基尼指数的数据也同样缺少。应用现有方法或开发新的指标来预估城市的收入水平和分配，是后续阶段的重要工作。

由于粮食体系的演变、结构和功能与城市化进程密切相关，因此，城市群的人口或人口概况成为城市分类的第二个核心标准。根据第2章中阐述的联合国人口数据和趋势，我们初步确定了三个大城市集团：100万人口以下的小城镇；100万～1 000万人口的大中型二级城市；1 000万以上人口的特大城市。大都市是指城市、郊区和城镇的建成区不断扩大，吞并了曾经的城郊地区，城郊相互融合，从而模糊了城市的边界划分。大都市是更适合都市区和城市区域的方法。

由于到2050年，人口不足100万的城市将继续占城市数量的50%以上，一些国家正在为这些城镇和小城市制定具体战略。在许多国家，包括巴西、中国、印度、印度尼西亚和西非的一些国家，已开始发展农业或"农业都市"地区，努力加强这些城镇及其与周围农村地区之间的联系。例如，在拉丁美洲，蒙特利亚是哥伦比亚东北部地区的小城市，它受益于城市区域发展战略，既满足了当地小农户需求，又开辟了新的出口市场。[154]

在城市粮食体系分析方案的后续阶段，我们还将进行更多城市细分等级的分析，可以设想进一步完善人口和社会经济标准。城市可以进一步按城市规模划分（例如，不到30万人口，30万～100万人口，100万～500万人口，500万～1 000万人口，大于1 000万人口）。其他因素可包括：城市群的人口密度；城市人口的收入水平和分配情况；生活在非正规、低收入居民区的家庭数量；城市群内城市和城市以下行政辖区的数量；评估交通基础设施的标准，这些基础设施因城市港口、可通航河流或铁路而有差异，而这些都是粮食销售和贸易的关键；商业和宏观经济环境的标准。

越来越多的人认识到需要建造新的城市和社区来容纳越来越多的城市居民，这将为发展粮食智慧型城市地区提供机会。这些未来的城市或社区无论规模大小，无疑都需要对其发展所需的政策、机构、能力和投资进行新的思考。因此，未来的粮食智慧型城市是这一新兴类型学的第四类。

我们可能还需要为一些城市区域设想一套特定的城市粮食干预措施，这些地区或居住着许多流离失所者和难民，或位于处于危机的国家或领国。[155]每10名流离失所者中就有6人居住在城市环境中。[156] 我们需要对改善流离失所者和难民状况的干预措施进行更多的思考和分析，来推动有利于流离失所者和难民的干预措施的思考。

尽管随后对关键计划干预措施（第5章和第6章）的讨论将针对每种城市类型潜在干预措施提出示例，但进一步完善社会经济和人口标准将需要与城市官员进行磋商，来建立一个更详细的案例证据库。

4.2.3 粮食体系标准

前几章强调了粮食体系的复杂性和多样性，粮食体系由于受到诸如人口增长、气候变化和城市化等重要外部影响而不断快速变化。在分析国家和地方各级的粮食体系并确定增加其对转型框架成果产生积极影响的途径时，需要考虑到这些不同因素。与粮食体系结构和绩效有关的粮食体系变量是划分城市的第三套标准，最终有助于确定潜在干预措施的方向，以应对与不同类型城市相关的具体挑战。在一个数据丰富的理想世界中，这些指标将受到转型框架成果的启发，因为高薪酬的就业机会、粮食的可负担性和可获得性、营养食品以及可持续和有韧性的粮食体系等是未来粮食体系的关键运行指标。

然而，目前与粮食体系有关的数据很少，因此难以对城市实施有效分类。本节简要讨论了一些操作上可行的方法，以最少的数据收集和分析对城市进行分类。然后，它提出了一份指示性指标清单，这些指标在逻辑上有助于指导城市进行粮食评估，并作为第一步骤来帮助确定未来干预措施中应优先处理的问题。

确定一个城镇或城市是否存在于一个农业生产地区内，是划分城市地区的首要标准，在这些地区，大型集市或批发市场是连接农村地区的关键环节，并在农村非农经济中发挥重要经济作用。在寻求改善市场准入和效率，或在重要农产品产地附近发展加工业的行动中，这些城镇或城市可列入优先考虑范围。农业优先事项将把某些城市从农业生产率最低的地区（例如自然资源开采区）中区分出来，这些地区可能有不同的粮食体系优先级。

城市的地理位置和交通网络（海洋、河流、现代公路）的接入是第二个标准，它将影响粮食的种类、来源和居民的消费能力，并有助于塑造粮食体系的可持续性和气候足迹（转型框架中的S）。据估计，世界上40%的人口生活在距海岸100千米范围内，世界上3/4的特大城市都位于海边。[157] 这些城市，特别是沿海城市，可能发现从区域和全球市场获取粮食比从国内生产获取粮食来得更容易、更实惠。城市的地理位置也影响粮食体系的发展韧性。与那些依赖粮食进口并受到全球市场潜在供应或价格冲击的国家相比，那些容易获得多种粮食供应来源（国家、区域或全球）的国家对许多冲击的承受能力可能更强。而沿海城市也将面临海平面上升的风险。[158]

正如第3章所讨论的，世界上每个城市或城镇都在不同程度上涵盖了传统、现代和非正规粮食渠道及其子系统。根据粮食销售的价值或数量，以及在每个渠道中可能流通的主要粮食类型，我们可以确定出粮食销售的相对份额，这就是通过一些可用数据（图3.3）或粗略估算得到的第三个标准。无论是了解到80%的食品在传统零售渠道销售，还是发现了50%的食品销售依赖于非正规渠道，都将对制定提高绩效的干预措施产生重大影响（例如推动新鲜水果和蔬菜批发市场的现代化）。遗憾的是，确定依赖非正规食品部门的消费者的百分比和地点需要更具体的分析。这一标准与转型框架的四个成果密切相关。

对于可以根据粮食体系标准来帮助描述城市特征的许多其他变量，其数据是不容易获得的。对于这些指标，需要分析现有的二级调查数据、快速评估或调查以及创新的众包模式或大数据技术，以产生相关信息、构建指标并对城市进行分类。在大多数情况下，这项工作可能是作为城市粮食评估的一部分进行的（见第7章），大多数城市需要将其作为参与城市粮食问题的起点。这一类的关键指标包括：

- 粮农组织的粮食不安全经历分级表（FIES）用以评估城市粮食不安全的普遍程度；

- 使用世界银行生活水平衡量研究（LSMS）的家庭调查数据，并使用快速贫困评估工具，对城市贫困进行空间分析；
- 对预算消费调查分析，对不同群体（基于收入、年龄、性别等）的食品消费需求结构进行分类，确定外出消费的食物和加工食品在总体饮食构成和购买地点中的相对重要性；
- 快速评估，以确定所有城市街区的零售市场覆盖范围，并评估营养、安全食品的可获得性和可负担性（即识别食品荒漠区）；
- 快速评估粮食部门下属的企业，包括非正规部门；
- 食品消费价格和市场信息数据库分析；
- 分析人口健康调查数据（或其他营养调查），对城市中心营养不良的发生率进行空间分析。

在了解和分析城市粮食体系的早期阶段，主要是通过快速的城市粮食评估来确定当地的特殊性和背景。许多其他指标的数据很少（例如评估城市粮食体系的气候足迹），因此必然需要在合理地制定项目和建立监测基线之前进行更深入的分析。

4.2.4 利用城市食品来界定城市类型——第一个切入点

在分析的初步阶段，鉴于世界上绝大多数城市缺乏关于关键粮食体系特征的数据，我们提出了四种城市类型的初步设想（图4.2）：
- C1：人口不足100万的农业城镇或小城市；
- C2：拥有100万～1 000万人口的中型和大型二级城市；
- C3：人口超过1 000万的特大城市；
- Cn：未来粮食智慧型城市和社区。

这种类型学结合了一个最初的人口统计方法和一个正在开发的临时粮食体系统计方法。这一类型学的目的是通过提出一套干预措施（与转型框架相关）来协助方案的发展，这些措施适用于具有相似社会经济、人口和粮食体系特点的一组城市。虽然根据主要食品零售渠道（包括传统和现代的）和人口密度可以进一步细分二级城市，从而得到更多的城市类型，但在研究的早期阶段，简化第一种城市类型，对于在发展的早期阶段保持数量较少的城市类型，具有一定的价值。

因此，这些城市类型（C1至Cn）代表了具有显著人口差异的城市地区，以及其当前粮食体系和未来需求的巨大差异。正如所解释的那样，农业城镇虽然人口较少但增长迅速，这使它在农业生产地区的农村经济中发挥着关键作用。C2型将中等和大型二级城市合并在一起，一些城市人口稠密，而另一些城市正在向外发展，为满足消费者多样化的需求，它们都面临着实现粮食体系现代化和增强食品企业发展能力的挑战。全球特大城市（C3）的经济结构一般比较成熟，中产阶级和低收入消费者群体庞大，由充满活力的现代、传统和非正规食品系统提供服务，而这些系统面临在拥挤的环境中进行运作的挑战，其中许多系统需要升级。最后，如上所述，我们需要新的街区和城市来容纳不断增长的城市人口，这给市政府和各方参与者提供了规划、设计和建设现代粮食智慧型城市（Cn）的机会，这些城市的粮食体系将实现四个紧密相联的成果。在这些不同的城市类型中，转型框架成果的相对重要性或优先次序也可能不同（例如，在大型二级城市和特大城市中，可负担性和可获得性可能是一个更高的优先事项）。此外，最有效的项目切入点（见7.2节）在不同类型的城市之间可能也有所不同。例如，将粮食体系干预措施纳入城市发展项目可能适合大型二级城市和特大城市，而农业价值链项目可能适合小型农业城市（C1）。

城市类型

- C1：100万人口以下的农业城镇和小城市
- C2：拥有100万~1 000万人口的中型和大型二级城市
- C3：人口超过1 000万的特大城市
- Cn：未来粮食智慧型城市和社区

图4.2　一种新兴的城市区域粮食体系干预类型

如上所述，随后收集和分析关于城市贫穷和人口概况，批发和零售市场基础设施，传统、现代和非正规粮食子系统的相对市场份额，食品浪费的剧烈程度，治理结构，多方参与结构以及体制和人力能力水平等方面的数据，将有助于在随后各阶段发展更加完善和细致的城市类型。

5

为未来粮食体系
创造有利条件

关键信息

- 充满活力、可持续和包容性的城市粮食体系将取决于一系列有利因素，这些因素为成功的干预和投资提供了必要条件。
- 机构、政策和投资的确定、优先次序、设计和负责任的执行方式的根本转变是有效的城市粮食干预措施的关键。
- 在新的城市粮食空间中，有必要建立一个以主管当局为中心，多部门和利益相关方相互协调并将粮食问题纳入城市发展计划和预算的机制。
- 有必要制定便利和渐进的政策和监管框架，包括与城市规划有关的方面，同时注意粮食体系需要、土地使用、保有权和技术创新。
- 公众、私营和民间团体需开放获取准确、可靠且及时的数据与知识；大数据和公众科学的运用要求我们增强处理、理解和使用信息的能力。
- 有效调动并部署公共和私有资源，包括财政分权、坚持透明的市政预算程序以及审慎负责的财务管理，对于支持大规模运作和资助项目的政策至关重要。

在城市、城镇、大都市区和区域层面思考和解决粮食问题是相对较新的发展方向。与粮食有关的问题历来是在联邦或区域（省）一级层面处理，但这种情况在迅速变化。全世界越来越多的城市已经在努力改善城市粮食体系。城市和都市区与粮食有关的提议源于几个起因：政府和民间团体中的具有远见卓识的领导者们都致力于解决一个或多个粮食问题；将权利下放到各级的管理层；缺乏在国家层面处理城市粮食问题的关注度和机构能力。在任何情况下，成功的干预措施都取决于见多识广的领导层将粮食视为充满活力、可持续和包容性城市的基本基础设施的一部分。

这并不意味着其他各级政府在城市粮食问题上没有作用。相反，国家、市政当局、都市区和省级政府面临的主要挑战之一，是确定各级政府如何或怎样才能最有效地促进解决某些城市粮食问题。在某些情况下（例如规范和标准），最适当的干预措施可能是区域性的，区域一体化机构负责区域贸易的政策和条例。

粮食与营养一样，是一个介于部委之间或部门之间的问题，涉及许多部门和机构任务的多个层面。在许多国家，粮食问题历来由农业部负责，但几乎都是从农村的角度来处理；其他方面则由卫生部、商务部、畜牧部、环境部或社会事务部负责。

从转型框架来看，城市粮食体系涉及多级政府、多个部门、许多利益相关方以及新的进程和能力，在大多数情况下，这些进程和能力在市一级或区一级尚不存在（或发展不足）。技术干预措施的优先排序、规划和设计、资金和负责任的实施将取决于市政当局和大都市当局的解决及随后建立一系列有利条件的能力。

本章讨论了对推进城市粮食体系至关重要的五个条件或"促进因素"：变革性机构和其他四个便利因素，即便利和促进政策，开放的数据、知识和案例证据库，有效的公共和私人融资渠道，以及多方参与的治理机制和能力。发展和加强这些便利政策将成为许多城市和城镇参与城市粮食体系的起点。

5.1 T：变革性机构

在城市中大规模实施成功的粮食政策和体制强化措施及计划干预措施，必然需要强有力的政治承诺，以确保有效地确定优先次序，建立必要的机构和治理（以及利益相关方）机制，进行能力建设，确定先后顺序，并纳入城市规划和国家及以下各级政府预算。这是一项不小的任务，因为它需要从根本上确定机构、政策和投资的优先次序、如何设计以及如何以负责任的方式实施。

随着全球迅速城市化，人口和结构发生了巨大变化，这意味着城市对粮食、住房、交通、公用事业和服务的需求将在今后几十年中持续快速增加。这为政府设计、建设和管理粮食智慧型的街区、社区和新城市提供了一个振奋人心的机会。由于与粮食体系相关的政策影响，以及反过来又深受许多其他城市挑战和政策的影响，包括贫困、住房、卫生、社会保障、水和卫生设施、土地使用规划、环境、交通、能源、贸易和更多公共、私营部门、研究机构和民间利益攸关方需要齐心协力，提供一个全面、跨学科和跨机构的解决方法。[159]

在市政一级处理粮食问题的体制挑战是巨大的。市政当局或大都市地区可能需要设立一个负责的机构，来统筹城市粮食问题的工作。这一结构需要明确的任务规定、明确的职权范围、有能力的工作人员、充足的预算和持续的政治支持。对于位于较大都市区、城区或郊区的许多城市来说，从粮食制度、政治、治理和财政角度来看，在较高的地区一级建立一个联合粮食部门可能更合适。设立城市或大都市粮食部门可能会更有效地解决许多粮食问题，这些问题需要跨越更大的城市空间进行跨辖区的协作规划、方案拟订和筹资。它们可能更适合解决由于建成区的物理扩张，将城市从传统的行政边界扩大到其他管辖区而产生的问题。它们可能更能适应市政府的变化和预算分配的变化，从而有助于将地区政策和预算中的粮食计划制度化；预算也可以在各城市之间共享。这种大都市或区域性方法也与新兴的城市区域概念一致，这一概念以许多城市食品运动的原则为基础，以促进绿色城市景观、当地食品和短期价值链。此外，在这一更高的地区一级层面上开展工作，使市政当局能够更有效地制定计划，以涵盖大多数的城市农业生产区（即当地的农业大棚）。

无论城市粮食的分权治理如何采取干预措施，重要的是，建立和不断完善跨部门和利益相关方以及与各级政府的纵向和横向协调机制。城市粮食规划和执行的制度模式需要明确规定作用和责任，并明确城市和地区粮食政策，努力加强与省、联邦机构和职能部委之间的联系。机构任务和具体责任的明确以及持续政治支持都不能被过分的强调。由于任务的不明确和对其适用的问责很少，因此在政府内部各级之间也容易发生冲突（例如，在市政机构和国家部委之间）。由于许多问题属于机构或部委之间，因此建立有效的机制以分担责任和确保负责任的执行变得非常重要。

同样重要的是，要明确阐明如何将粮食问题纳入城市发展计划和预算中。通过这些方式，城市地区的粮食体系可以纳入更广泛的市、省和联邦政策范围中。综合和协调的行动可能同样适用于利用和解决大都市中出现的问题——几个城市和大城镇合并形成一个大城市区域。跨辖区协调和城乡互联互通也至关重要。

除了在市一级或地区一级设立某种类型的粮食协调部门外，还必须制定健全的机制和透明的程序，以动员部门机构和职能部委来设计和执行粮食方案的具体组成部分。在这方面，有必要明确作用和责任，建立机构和系统，并赋予地方政府设计和执行与具体情况相关的政策和方案的权力。鉴于这一体制改革的复杂性，市政当局、大都市地区和国家政府将需要利用参与类似进程的其他城市的现有资源和知识，从好的实践经验和知识中获益，并借用南北合作、南南合作和三方合作的资源。

5.2　F：便利和促进政策

除了需要在体制框架中进行重大改革，以有效参与城市粮食体系的工作之外，制定变革性、促进性和渐进性的政策是今后参与这一领域的第二个有利条件。快速发展的粮食体系的城市和城郊空间是一个相对较新的领域，政策和监管框架仍处于萌芽阶段。参与这一政策空间需要考虑城市环境的特殊性，和其与农村地区以及农业和农村发展政策的相互联系。城市粮食政策进程还必须找到有效的方法来解决引起粮食体系问题的多个部门的政策和监管问题。有三个问题说明了促进和逐步推行城市粮食体系政策的必要性：土地使用和城市发展规划；技术和创新；重新思考粮食和农业政策的优先事项和预算。

插文5.1 促进各城市机构与社区之间的城市粮食体系联系

多伦多粮食政策委员会的粮食战略是一个以粮食体系为核心的倡议，围绕粮食相关问题，将城市、企业和民间团体组织聚集在一起。《粮食战略》找到并实施创新方法，以实现粮食方面的多项目标，采取"行动研究"的办法，孵化和试点创造性项目，并借用合作机构的资源扩大这些项目的规模。这些举措包括"健康街角商店""移动美食市场""多伦多都市农业计划。"

巴尔的摩食品政策倡议（BFPI）是多个政府部门和机构与约翰·霍普金斯宜居未来中心之间的合作，以处理粮食体系政策、战略和方案。

由于利益相关方的坚定承诺和一个平衡的治理结构，巴尔的摩食品政策倡议：广泛认识到粮食匮乏的不公平性和地方粮食问题；制定了10项以上的城市粮食计划；帮助制定了城市农业计划；通过了城市农业税收抵免和一项城市农民土地租赁倡议。

资料来源：① Hoekstra, Femke 和 Lauren Baker. 2016. 跨城市和农村地区的综合粮食规划。In:Dubbeling，M.，C. Bucatariu，G.Santini，C.Vogt 和 K.Eisenbeiß. 2016. 城市地区粮食体系和减少粮食浪费 - 将农村和城市地区联系起来，以促进可持续和有韧性的发展。② 可持续城市农业和粮食体系全球伙伴关系基金会和联合国粮农组织。查阅2017年8月1日。http://www.ruaf.org/projects/city-region-food-systems-and-food-waste-management-linking-urban-and-rural-areas.

5.2.1 土地使用与城市发展规划

为了使城市粮食体系蓬勃发展并带来多种惠益，世界上大多数城市将需要审查和更新关于土地政策、土地使用、产权以及规划和管理的现行法律和体制框架，并协调城市外围的农村和城市保有权制度。在不断发展的跨辖区城郊地区寻找可行的解决办法，这需要有能满足城市人口生活需求的明确的立法和强大的机构。

可能需要特别注意城市分区守则：包括允许所有分区通过正确或有条件的使用许可证进行作物生产或粮食加工；保护农业用地、林地和重要流域；保护以社区为基础的权利；也包括关于诸如标志、停车场和人行道、公共区域、围栏、温室和圈舍的高度要求、农场围墙和堆肥箱等细节的具体标准。[160] 插文5.2阐述了北京如何指导城市的某些地区实施不同类型的城市和城郊农业。

插文 5.2　支持中国北京城市和城郊农业的多样化类型

北京市政府综合城市农业实施"十一五"（2006—2010年）计划，将城市粮食自给率从25%提高到35%。此规划按农业区划分城市：

1.市内农业区是一个中等的城市农业发展区，专注于园艺和景观美化。

2.城郊城市农业区是介于农业生产和城市生活之间的过渡区，专业从事休闲农业和精准农业，并利用湿度监测等智能技术进行自动灌溉。

3.平原城市农业区是北京的主要粮食产区，土地更多，现代农业生产和加工条件更好。

4.山区城市农业区包括有机农业和循环农业等环保生产，重点是特殊水果和生态保护。

5.位于邻近省份的农业合作区强调与合作社的关系，以改善当地粮食安全并确保优质粮食供应。

由于城市农业附加值高，农田得以保存和使用，运输距离短，保障提供当地新鲜食品，将干净、专业化的绿色生产与自然资源管理和农业旅游结合起来。随着更多的游客来到城郊地区，餐馆和其他商业网点也出现了。

资料来源：朱习。2016.农业规划：从中国规划的角度对城市农业进行探索性研究。瓦赫宁根大学。查阅2017年6月1日。http://edepot.wur.nl/392716。

赋予非正规居住区的居民以有保障的土地使用权，应成为创建可持续发展、更宜居城市应努力的一部分。一些定居点可能获得批准，但只是缺乏基础设施和服务，或者他们可能发现土地交易没有在土地登记处记录。土地租赁可能是包括境内流离失所者在内的现金匮乏家庭获得土地的一个可能选择。[161] 低技术列举和高科技方法（例如，使用人居中心的社会保有权领域模型的众包土地信息）可能有助于降低土地登记成本。

鉴于城市土地成本上升、土地所有权相互竞争以及无法获得市中心公共土地，需要找到创造性的解决方案以确定在世界各地城市可以建立新的批发和开放市场的可用土地。[162] 由于缺少一个水晶球来准确预测粮食体系将如何演变，城市粮食规划必须在指定未来城市所需的公共空间方面具有灵活性。举几个例子，这些空间将用于市场、交通、公园、城市和城郊农业、林业和生态系统服务、水和卫生系统以及餐馆和美食广场等。[163, 164] 为这些关键的公共设施提供必要的公共空间（即土地），将是未来发展城市粮食体系所必需的。将空间粮食体系的观点纳入城市规划有助于规划者了解人们生活在哪里、工作在哪里以及他们在哪里吃饭和购物，从而帮助确定改善人民生活的最有用的干预措施。

公共机构、房地产开发商、建筑师和民间团体之间需要建立创新的合作伙伴关系，并在激励和监管政策的支持下，确保将城市和城郊农业以及绿色食品体系结构纳入到未来的城市住房开发以及城市改造和建设规划中。预计未来40年的住房、办公空间和交通城市建设量将达到大约相当于世界历史上迄今为止此类建筑的全部体积，这对于粮食智慧型绿色城市的规划和发展来说是个好兆头。[165]透明和可执行的土地保有权立法对保护城市和城郊生态系统同样重要，这对管理稀缺的水资源、保护生物多样性和防洪至关重要。

5.2.2 技术和创新

技术和体制创新在很大程度上源于创造一种有利于发展新思想的政策和激励环境以及有助于将其转化为现实的创业精神。新技术以及体制和政策创新提供了迅速发展的潜力，加快生产力增长、缩小社会经济差距并推动包容性社会经济发展。在整个粮食体系中，创新和新技术，无论是信息通信技术应用、自动化和人工智能、农业食品技术、可再生能源和水资源，还是大数据分析，都需要适当的政策、标准和制度来激励必要的投资。

许多技术都是资本密集型和劳动力节约型的；它们通过自动化促进了效率的提高，从而取消了特定的任务或就业机会。相反，新技术可以创造新的就业机会（例如，传感器）。政府必须为这些技术的创新和投资制定适当的激励政策，以与可执行的监管环境取得平衡，以确保符合市政和更大的社会民生目标（例如，增加就业，改善社会福利）。

从政策设计到实施的步骤，将在很大程度上取决于能够帮助管理这一进程的富有创新思想的机构。它们包括科学咨询委员会、监督和管理技术的公私技术委员会，致力于培养粮食部门工人和专业人员技能发展的教育合作伙伴，或是食品创新实验室，帮助中小型企业和企业家将概念转化为实际。市场分析、食品产品开发、加工技术和食品安全是这一过程中需要解决的关键问题。国家农业研究组织和其他技术研究机构应参与到城市粮食进程中来，有助于确定研究和发展方案的方向（例如，城市园艺建设）。

政策的制定必须为利益相关各方参与政策制定的分析、立场建议和宣传提供更多的机会。为了让技术和创新成为推动粮食体系积极变革的动力，私营部门和民间社会团体的不同利益相关方还必须更多地认识和了解新技术和创新的具体特点及其积极和消极属性。

新的信息通信技术为扩大公民科学素养或公众参与科学研究以及民间社会、从业者和科学界之间的合作提供了机会。公民科学除了具有增强地方科学研究多样性的潜力外，还有助于提高民间社会对影响其生活的问题的认识，提高其科学素养。新的社会学习和多学科方法侧重于自上而下与当地经验知识相融合，为开发创新、实用的解决方案以应对各种挑战提供了希望。向公民和消费者传达这些信息是使用新技术产品的重要前提和最终需求。

也许最重要的是，新的信息通信技术、社交媒体和众包方案可以刺激年轻或新鲜的想法来推动颠覆性创新，改变创新的轨迹，将人们和城市推向新高度。

5.2.3　重新思考粮食和农业政策的优先事项和预算

解决与未来城市粮食体系有关的问题必然会给许多部门带来许多额外的政策问题，包括未来城市粮食体系对农业部门和农村经济的影响。随着国家和城市粮食体系目标的确定，讨论将不可避免地转向政府预算的优先次序和分配。例如，许多国家在改善粮食安全的号召下，将很大一部分国家资源投资于粮食和投入补贴方案。重新评估以消费者为主导的城市粮食目标方面的优先事项和方法，可以为各国更彻底地重新审查当前的农业、粮食和贸易方案及政策提供空间和兴趣；反思粮食来源（农村、城市、进口）在实现国家粮食安全方面的作用和构成；评估它们是如何利用预算为国家或城市目标做出贡献的；并分析国家参与者的激励措施，以创建多样化且经常相互竞争的政策和监管框架（例如，关于粮食安全的农业和贸易政策）。它还可以帮助各国思考一套应对短期社会经济和农业气候冲击的措施和手段，使之与农业粮食总体环境、部门方案和长期参与者激励措施相一致（而不是扭曲）。

随着政策效应从一个区域蔓延到另一个区域，农业和更大的粮食体系之间的相互关系也值得更多的思考。例如，由于农业生产率增长速度较快的国家经历了劳动力快速的退出农业部门以及非农业部门劳动生产率更快的增长，因此影响农业生产率增长的政策和方案将影响就业机会的扩大。[166]在城市化进程快速发展国家的一些充满经济活力的城市中，由于其粮食仅能通过全球温控供应链进口获得，因此农村地区可能会有发展滞后的风险，这对农村贫困、农业发展和饮食习惯造成影响。[167]不断变化的粮食环境对粮食和农业政策提出了许多挑战。

5.3　O：开放的数据、知识和案例证据库

制定便利和促进的政策，利益各方参与治理的有效运作，以及以下关于设计和实施粮食体系干预措施的讨论，都取决于能否获得准确、可靠和及时的数据和知识。尽管本报告中所讨论的许多城市粮食问题目前缺乏严格、有效的数据和案例证据基础，但当前正在进行的数据和信息革命将很快将讨论转变为优先排序、组织、处理、解释和访问等未来可用的大量数据。这是第三个有利

条件的实质：开放的数据、知识和案例证据基础。

世界上每天产生超过25亿字节的数据。到2020年，数据世界将拥有44泽他字节，[168] 或者44万亿千兆字节的数据，相当于地球上的每一个人平均每秒产生1.7兆字节的数据。[169] 数据来自不断发展的物联网：气候传感器、快消食品、网上冲浪、社交媒体网站的帖子、数码图片和视频、购买交易记录、汽车传感器和手机全球定位系统（GPS）信号等。预计到2025年，将有88个未来智慧型城市利用信息技术和传感器等技术，[170] 来提高居民生活品质，以经济及可持续发展的方式管理可用资源，减少环境污染。[171] 事实上，到2023年，智慧型城市技术将发展成为价值275亿美元的行业。

数据的数量正在迅速增加，今天的大数据将是明天的小数据。大数据指的是前所未有的数据流量，流入和流出计算系统。[172] 这些数据大多被发送到功能强大的计算机上进行分析和使用。现代粮食体系中的许多公司投资于系统或为内部成本控制，或为食品需求和消费者偏好的多样化分析购买数据。例如，约翰迪尔（John Deere）将所有拖拉机都安装了传感器，这些传感器不断地传输和汇总有关土壤和作物状况的数据；农民可以通过订阅获取信息，帮助他们决定何时何地种植作物。同样，城市大数据可以通过城市基础设施内的传感器系统和汽车等移动物体生成。它也可以通过社交媒体、人类计算任务和公民科学项目进行用户生成。这些可能性是无止境和不断发展的，为循证决策提供了一个很好的机会。

开放数据是可访问的公共数据，人们、公司和组织可以使用这些数据来启动新的项目、分析模式和趋势、做出数据驱动的决策和解决复杂的问题。与私人公司拥有的大量大数据相比，开放数据的特点是公共可用性和免费访问、易用性以及它们可以重复使用。开放数据由其用途定义，与它们所依赖的分析和真实数据透明性政策一样好。[173] 每个城市粮食利益相关方都将在一定程度上依赖获得的数据及其分析来做决策。政策项目规划和设计以及负责任的执行和结果的衡量标准是需要获取开放数据的许多优先领域中的两个代表。

粮食体系是高度复杂的网络，需要大数据分析作为未来有效和可持续运作的支柱。城市粮食战略和行动应以对城市规模粮食体系的循证理解和对不同群体的跟踪和分析的结果为基础展开，所有这些都可能带来巨大的社会、经济和环境效益。然而，要实现深入理解，这将取决于对城市化的农业企业数据系统的大量投资；对具体社会经济、人口、金融、技术和体制的分析，以供政策和投资进行选择；以及提高市政官员和利益相关各方在决策中有效吸收和使用信息的能力。开展这一分析并向利益相关方解释其影响，将需要有地方学术或研究机构、私营企业和非政府组织参与的创新合作伙伴关系。第6章确定了每个方案领域的优先数据需求，最显著的是，对城市和城郊农业生产系统进行全面评估，并对已实施的众多城市粮食体系行动进行严格的影响评估。大数据分析为这些评估提供了机会，以改善粮食体系，从而提供可观的投资回报。

为了更好地了解政策和投资措施的有效性和对不同群体的利益分配，还非常需要对城市地区粮食政策、战略、计划或方案的影响进行比较评估，并制定强有力的衡量标准。许多政策和方案没有可衡量的目标和成果框架，因此难以监测成果的执行情况。使用关键指标或少量相关指标可以加强对成果的关注。众所周知，衡量的是行动的成果。一个例子是与"当地信贷来源的实力"有关的衡量标准，它将显示财富是否仍然存在于一个社区中。同样，定量基准补充了有效的政治和体制进程，及治理机制的丰富的定性细节，对地方利益相关方和外部参与者（包括其他城市）而言都是有用的。[174]就量化目标达成一致，每个干预目标都有明确的基线和时间框架，可围绕具体愿景动员利益相关方，重点监测，以上这些都以共同负责为基础。

使用大数据分析为用户提供了许多选择：从提供和使用不同的数据来源到提供分析工具来模拟复杂的系统，再到评估政策和方案选择，最后到指导公共和私营项目、政策以及投资。

5.4　R：有效的公共和私人融资渠道

在过去一个世纪中，各国正在进行的权力下放进程已将责任移交给地方当局，但并不总是伴随着充分的资源转移或努力建立财政上可持续发展的基础，以履行指定的或逐渐演变的地方政府职能。调动公共和私人资源，有效的财政分权，坚持有效、公开和可见的市政预算流程以及透明、审慎和负责任的财务管理，对于将城市粮食体系的雄心转化为能够发挥作用的政策和大规模资助方案至关重要。与其他城市服务一样，一个稳固、可持续的财政基础必须与适当的私人投资激励环境相平衡，这个财政基础由有效的财政收入来源组合（和征收）组成，包括各种税收、用户费用、政府间转移支付和对开发商和公私合作伙伴关系（PPPs）的收费。增强信用度的措施将有助于城市进入资本市场。[175]

公共资金可以帮助改善城市生产者和企业家，特别是妇女和资源贫乏者获得信贷的机会。作为农民、企业家和劳动力，妇女占全世界农业劳动力的40%以上，并且在农业企业供应链中发挥着重要作用，[176]对农业企业价值链上的妇女进行投资可以使她们对农业部门的贡献最大化。[177]政府担保基金可以促使金融机构为城市生产者建立特别信贷计划，或使他们有资格获得非正规部门的资金。许多城市的市议会分配资源来支持其粮食体系的基础设施建设、培训、启动配套设施和营销。[178] 许多市政府和大都市政府将需要援助，以制定筹资战略，并为城市粮食计划提供资金。虽然有各种融资选择，但许多城市和城镇可能需要利用赠款和补贴贷款机制来提高其能力，然后再通过特别机制，最终以更市场化的条件借款。与粮食有关的基础设施投资有可能利用其他不同的融资工具，如城市发展基金（例如，菲律宾）、开发银行（例如，南非）或由预期未来收入担保的未来流动融资和集合融资计划（例如，墨西哥）。[179]

插文5.3　贝洛奥里藏特：地方政治承诺和多样化资金

自1993年巴西贝洛奥里藏特市长宣布粮食是所有人的一项权利以来，市政府与私营部门、民间团体以及各省政府和国家政府合作，设立了市粮食和营养安全秘书处（SMASAN），以协调一整套政策和干预措施，保证城市社区获得健康和营养食品。该方案包括六个领域：粮食销售补贴；粮食援助；粮食市场监管；支持城市农业；粮食消费教育；就业机会。

SMASAN与联邦政府建立了合作伙伴关系，作为巴西零饥饿战略和家庭赠款、学校膳食和食品采购方案的典范。贝洛奥里藏特的年度预算为2 700万美元，不到市政年度预算的2%，有180名工作人员（包括30名营养学家），受益于各种合作伙伴关系和国家资助的方案，以增加30多万公民获得营养食品的机会。

资料来源：Rocha, Cecilia. 2016. 贝洛奥里藏特：城市粮食安全政策的机遇与挑战。Cecilia：加拿大国际开发署资助的巴西粮食安全能力建设项目（2004—2010年）主任。

多种融资方案可协助满足初创企业和新兴或成熟的粮食体系企业的资金需求，将资金来源与业务增长和企业规模相匹配。此外，创新的金融服务和应用正在改善获得资金的机会，但需要制定适当的条例、监督和控制措施，使金融机构、移动运营商和零售商能够有效地提供新的服务并探索新的合作伙伴关系模式。[180] 私人基金会、国家或地方融资来源以及粮食体系投资者可以利用额外资源，包括可在既定时限内提供潜在的可回收资本的与项目有关的慈善活动。影响投资或众筹投资者，他们将慈善事业和风险投资联系起来，根据企业的社会或环境影响选择投资的公司，例如，慢钱通过为粮食和农业社区提供论坛，促进对地方、可持续发展的有机食品和农业企业的投资。[181] 政府可以激发粮食倡议核心筹资的倍增效应。

以抵押品为基础的贷款可能会限制许多小型或初创企业的准入，这些企业几乎没有抵押品，或现金流受到限制。初创企业可能获得原始资本，但随后却因无法获得增长所需资本而受阻。此外，缺乏对更复杂的融资工具的了解，以及利用金融中介机构协助公司，为融资过程增加了费用和时间。许多与食品有关的企业（农业技术企业和增值食品生产企业除外）不容易获得股权资本，鉴于企业投资者在预期回报率、增长率和投资者利润率方面不匹配，因此可能不可取。通常，食品企业可能需要风险资本来发展，但风险资本规模较小，回报率较低。将关于融资办法的信息与辅导方案和有利的税收政策结合起来，可能有助于中小企业和企业家调动资本。

插文5.4　创新地城市食品融资

- 阿根廷罗萨里奥的参与性预算编制。
- 哥伦比亚麦德林的捐赠证书，允许生产者、农产品加工商和零售商获得免税。
- 在巴西库里蒂巴，通过将废物兑换成安全和有营养的食物，为废物回收提供财政奖励。
- 基多，厄瓜多尔的水保护基金（FONAG）汇集了来自水公用事业的捐款（占水销售总额的1.5%）和一定比例的消费者和私营企业的水费，以改善对基多流域的管理和保护。
- 《多伦多粮食战略》（加拿大）可吸引慈善基金会和省政府为多种举措提供资金。
- 温哥华市食品政策委员会（加拿大）与温哥华基金会合作，分担绿色倡议和食品项目的费用。公共关系和资金对项目产生积极影响。

资料来源：Dubbeling等，城市地区粮食体系。

与大型企业相比，中小型企业获得银行贷款的可能性较小，是依靠个人储蓄来启动企业和进行最初的运营。在低收入国家，50%的正规中小型企业无法获得正规信贷，而在新兴市场，70%的小微企业和中型企业无法获得信贷，这种情况在非洲和亚洲最为明显。目前正规中小型企业的信贷缺口估计为1.2万亿美元，正规中小型企业和非正规中小企业的信贷缺口均增至2.6万亿美元。将非正规中小企业纳入正规部门对企业和整体经济都有相当大的好处，对于前者而言可以改善可获得的信贷和政府服务，对于后者而言可以增加税收和改善监管。然而，在融资方面普遍缺乏行之有效的方法，致使中小型企业难以更上一层楼。在动员侨民投资和其他创新融资形式方面，包括影响投资融资、特许经营模式、数字解决方案和众筹等，都有可能发挥作用。[182]

外来务工人员的汇款是低收入国家的主要资金来源；2013年，汇款超过4 100亿美元，是官方发展援助的3倍多。[183]对许多经济体来说，汇款流入超过国内生产总值（GDP）的10%。在全球金融危机期间，汇款的波动性也明显低于其他资金来源，如银行贷款或证券投资。因此，汇款可以在使数百万人摆脱贫困方面发挥重要作用。鉴于发展中国家的借款困难，汇款可以弥补金融发展的不足，从而促进增长。[184]因此，减少移民障碍并确保移民更好地获得金融服务，应成为任何一项鼓励汇款政策的关键要素。这些结果符合国际机构和20国集团政府的明确承诺，即"到2014年将汇款的平均成本从10%降低到5%"。

PPP农业投资基金（AIFs）的经验表明，具有可靠业绩记录和风险回报模式的农业企业对寻求发展影响和财务回报的投资者具有吸引力。[185]中小型企业和生产组织通常需要通过技术援助赠款从农业投资基金获得广泛的能力发展支持。还需要进行认真的分析，确定投资价值链的方式和地点。扶持环境是吸引农业投资基金融资和产生回报的重要前提。公共机构还可以通过引入包括流动资产在内的担保交易登记制度，帮助加强中小企业的能力，减少对固定抵押品的依赖，减轻金融机构对中小型企业融资的风险认知，并为促进创新和新技术的投资提供公共支持。[186]

信贷机构为改善企业家获得融资提供了另一种选择，但它们只存在于50%的国家中，通常是那些对银行部门有很高准入门槛的国家。[187]改善融资渠道使墨西哥的小企业能够继续经营，从而增加了就业和收入。[188]在阿富汗，最近设立了公共信贷登记处，以确定借款人的信誉，大大增加了中小型企业获得融资的机会。在利比里亚，2014年建立了一个抵押品登记制度，使农民和企业家能够将动产证券化并利用流动资产借款，在不到一年的时间内登记了2.27亿美元贷款。[189]

与城市和城郊农业有关的几个融资试点项目已证明是成功的，并准备扩大规模：市政担保计划；地方食品的公共和家庭采购；作物保险计划；以及通过临时占用许可证获得小额信贷来确保土地保有权。融资机构还可以考虑城市和城郊农业融资窗口或将其纳入其他资金流。[190]可以像巴西和印度所做的那样，修改传统的农村农业赠款计划，将城市生产者包括在内。其他政策措施包括：增加关于生产者偿还能力的信息；对生产者在商业技能、制定商业计划和记录方面进行培训；协助生产者团体准备贷款申请；向愿意对城市小规模生产者提供贷款的金融机构提供市政担保计划；防止农业气候冲击的保险；量化城市小规模生产者的信贷需求。

最后，获得各种气候融资来源可为市政府提供机会，推动城市粮食体系的行动，特别是在环境可持续性和减少气候足迹方面。它们可能与粮食体系中的运输、能源和"闭环"资源进程（第6.4节）息息相关，并帮助制定项目以及借用其他参与者做出的贡献。

5.5 M：多方参与的治理机制和能力

5.5.1 粮食体系利益相关方和多方利益相关者参与治理机制

大多数市镇和都市区也认为建立某种类型的多方利益相关者协调机制有助于粮食体系方案的规划、执行和管理。[191]它们可能采取多种形式，被冠以各种名称，如食品委员会、利益相关方协调平台或食品参与者网络。虽然任务可能有所相同，但多方利益相关者机制通常被用来确保利益相关方的参与和对计划支持，这对于确保需求证据驱动的政策和计划设计、调动必要的融资担保以及负责任和有影响力的交付是必要的。

利益相关方网络或理事会可由生产者、供应链成员、非政府组织、公民团体、宣传团体、地方领导人、城镇规划者、经济发展组织和其他方面组成。图5.1描述了大量的问题和参与者，包括加拿大相当成熟的城市粮食环境。由于城市粮食问题涉及各种各样的问题，不同的方案构成自然会吸引围绕共同目标的不同参与者，这些目标反映了他们的利益、价值观、立场、观点、知识储备、目标和权力水平。了解与某一特定粮食问题或对其感兴趣潜在的无数潜在利益相关方是确定潜在联盟、宣传、游说战略或合作伙伴关系非常重要的第一步。

更好的治理和以需求为中心的政策和计划需要一系列相关的农村和城市参与者，包括穷人和弱势群体有系统地定期参与。虽然信息共享是这些部门的一项重要职能，但更成功的平台和理事会让利益相关方参与联合规划和执行，或作为代表社区倡导粮食政策的机构，提出政策并制定符合目标、面向社区和政治可行的方案。一个强有力的业绩管理框架加上民主锚定的执行进程，可以为繁荣的城市地区粮食体系经济奠定基础。

巴西的贝洛奥里藏特、美利坚合众国的巴尔的摩、新加坡和加拿大的多伦多和温哥华，作为少数的具有前瞻性的城市，它们已经引入了参与性政治进程，并发展了强有力的、创新的市政机构和机制启动、指导和有效管理城市粮食方案。在约旦安曼，城市农业和粮食战略通过市政结构、方案、计划和预算被纳入主流，并围绕与多方利益相关方合作伙伴关系的参与而建立。[192]

5.5.2 政治经济学

在相互关联的粮食体系成果领域取得强有力的成果，将需要所有感兴趣的公共、私营和民间社会利用一定的政治智慧和体制灵活性，在这一新的城市粮食领域中有效前行并取得成功。这些技能对于负责领导城市或都市区粮食

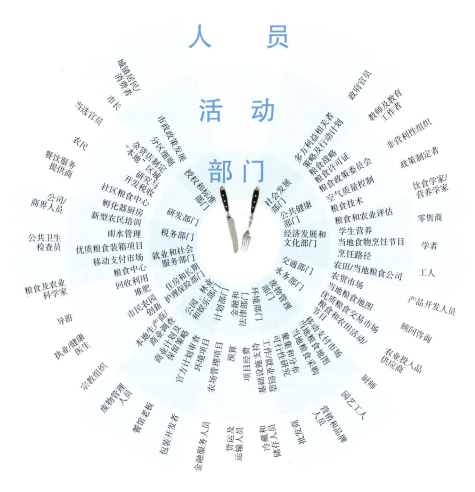

图5.1 城市粮食体系参与者及问题

资料来源：Mac Rae、Rod和Kendal Donahue。2013。城市食品政策企业家：初步分析加拿大城市和地区如何参与食品体系的变化。多伦多食品政策委员会。

倡议的粮食部门尤为重要，第一步是将粮食观点纳入城市发展计划中。他们还需要意识到与联邦和省级当局以及部门专家发展关系的重要性和价值，认识到他们是涉足政策和方案等领域相对较新的部门，这些领域有着成熟的参与者和"地盘"。

　　建立多部门联盟对于推进方案优先事项、确保参与、获得预算和实现目标往往至关重要。每个利益相关者群体的关系和政治影响力对政治空间利用机会有所不同。更多的利益相关方、消费者和公民团结在一个共同的立场和观点周围，也有能力将他们的利益纳入决策者的议程并影响他们的行动方针，特别是在地方一级（例如，城市批发市场的公共/私营/民间社会联合管理结构）。不同参与者的联盟也可能打开通往替代方案或政策切入点的渠道，因为每个利益相关方在接触决策者和可能掌握权力的人时都有不同的利益、关系和想法。这些联盟对公共资源的优先次序和管理的影响尤其重要。例如，那些致力于改善城市贫困人员获得健康食品的机会的人可能会找到机会，与致力于建设城市住房、交通或商业零售发展的公共和私营单位结成联盟，以实现目标。

在所有参与者寻求制定促进其利益的战略时，果断的政治经济分析和一定程度的创造力对它们至关重要。了解谁从政策或方案中受益，谁可能遭受损失，这对于政治战略制定往往很重要。一个具有政治说服力的市长可能不会从国家一级的政治对手那里获得对市政倡议的必要财政或政策支持。开放的数据平台和通过社交媒体即时获得的信息增加了透明度，为许多利益相关方提供了公平的竞争环境，从而增强了他们追责他人的能力。寻找将消费者和商业利益与长期的公民期待（如应对气候变化）或不同专题小组（如营养/健康和气候变化）联合起来的有效方法，可能有助于推进具体事业并实现其不同的目标（插文5.5）。

插文5.5　秘鲁的非正规部门政治活动

来自利马和秘鲁其他城市的140多名非正式工人领袖于2016年11月召开了非正式工人第一次会议，为向2016年总统候选人提出的要求和建议创建了一个共同的平台。他们请两个政党的首席顾问听取了他们对就业、工作权和改善非正式工人状况的必要手段的意见。他们还提出了获得法律承认、街头贩卖许可证、适用职业健康和安全条例以及获得社会保护和能力建设的要求。他们还要求进行更频繁的正式对话，强调了秘鲁70%的工人就业的非正规部门的政治力量。

资料来源：阿比扎伊德，奥尔加。2017.秘鲁的非正式工人向各政党提出要求和建议。世界城市运动。2017年6月1日查阅http://www.worldurbancampaign.org/wiego-informal-workers-peru-present-their-demands-and-proposals-political-parties.

许多参与方，如非正规粮食部门参与者协会或生活在非正规住宅区的倡导者，可能需要得到支持和帮助，以提高他们的能力。

5.5.3　能力发展

可以说，加强人力和机构能力是推动城市粮食倡议和具体干预措施中最关键的有利条件，尤其是在将开始参与这一领域的各种利益相关方和新的政府参与者中。能力建设需要侧重于城市和地区粮食部门和多方利益相关方平台的有效运作，以提高技术方案参与者的技能和能力。对社会资本的投资是对硬基础设施的重要补充，因为通常是软基础设施来完成艰巨的任务，促进其成功。

能力发展计划和方案将源自于机构任务、作用、责任以及为实现商定的成果框架中所确定的成果而执行的活动。由于处理城市粮食问题的能力需求和知识差距令人望而生畏，因此必须确定计划和方案的优先顺序，使男性和女性参与者都具备推动议程的必要技能和必要时改变方向的灵活性。

除了正规培训之外，显然还将通过在工作中学习和反复摸索来提升能力。与同行学习和确定良好做法相关的能力提升将使各利益相关方能够加强其设计和执行在其他城市有效实施的行动的能力。

考虑到世界银行的减贫和共同繁荣的双重目标，以及包容性在粮食体系框架中的首要地位，大多数方案将需要与关键利益相关方和最终受益者协调执行。在开展许多能力发展方案之前，必须开展提高认识活动，传授了解情况所需的知识，并随后就城市粮食问题的各个方面和潜在的解决办法达成共识。这项任务可以说是最重要的任务之一，因为知情的领导是向前迈进的第一步。

能力建设可以在几个领域发挥重要作用。它可以帮助利益相关方为方案的优先次序和目标、设计和实施开发一种通用语言。鉴于经验指导、项目周期决策和问责过程的数据和分析十分重要，但也十分缺乏，因此利益相关方需要有分析和理解问题的诊断能力。发展使用数字数据和了解信息和知识产品的能力也将变得越来越重要，这些信息和知识产品将在未来由信息通信技术和物联网产生的大量数据创造出来。这些技能可能有助于确定潜在的项目切入点和实现成果的潜在途径。利益相关方也需要加强在预算、规划、监测和问责方面的技能。利益相关方在政治经济问题上的培训对于他们在政治领域发挥作用同样重要。例如，加强能力，以确定和形成业务联盟，确定潜在的利益冲突及其解决办法，利用数据和分析来确定政策立场，以及在政治空间进行有效谈判和使用权力，这些都是特别有用的技能。

最后，很自然的，在每个干预领域内，能力建设将成为所有利益相关方和利益相关方组织所有方案的核心重点，而涉及技术、财务和组织能力以及政治参与，通常对性别有特别要求。

创新的信息和通信技术提供了交流和分享信息和知识的新途径，并加强了不同地点不同人群的能力，有效地将全球与当地结合起来。应动员城市间网络和南南/东西/南北合作框架为这一进程作出贡献，将能力建设与知识交流联系起来，使利益相关方可以进行知识实践。

5.5.4　成功的粮食体系治理的新方面

成功的方案强调了若干关键治理因素的重要性：

- 在市长和市议会参与城市粮食问题的同时，作出充分的高级别政治承诺；
- 民间团体和私营部门的大力参与以及参与决策进程的有效机制；
- 参与性进程令城市低收入群体有发言权，以应对贫穷和边缘化居民的粮食挑战，特别是在非正规居住区、贫民窟或难民营；
- 采取务实的办法，将责任下放给社区、街道或市郊管辖区，并与国家当局、政策和有关计划进行合作；
- 联合粮食体系评估，分析一个城市的粮食优势、劣势、机会和威胁（SWOT），并设计一个具有可操作性的整体粮食战略；
- 认识到可能反应更灵敏和多部门的地方政府，仍需国家部委的投入。卫生、教育、水、交通、能源或社会事务部门都可提供一些有效的支持点；
- 市政执行部门负责协调和监督方案的设计和执行，确保有办法从有关的技术和部门专家那里获得技术投入；
- 由监测程序支持的连贯、透明的成果框架，来跟踪方案执行情况；
- 通过多种渠道与利益相关者和公民就计划、挑战和结果进行频繁沟通；
- 创造有利的财政和管理环境，为方案的执行调动必要的公共和私人资源；
- 在提高市政官员以及民间机构和私营部门利益相关方的能力、技能和知识方面进行大量投资，这些人将有望为干预措施的设计、管理、交付和监督作出贡献。

建立"有利条件"的指标性行动见表5.1。

表5.1　建立"有利条件"的指示性行动

促成因素	开始	成熟阶段	对未来的思考
变革性机构	- 粮食体系治理中的粮食体系评估以及条件 - 明确与粮食体系有关的管辖权 - 利益相关者对正在进行的项目的分析 - 对贫民窟和弱势群体的粮食安全干预政策 - 非正规部门的政策 - 权力下放	- 扫除对当地食品准入和扩张的监管障碍 - 有关当地制造业或面向小农采购的法律 - 跨司法辖区的粮食体系政策与省级和国家粮食及其他领域政策的联系 - 粮食体系工具——粮食战略或计划，可连接机构内几个公共部门的小型可行倡仪和项目	- 使政府机构内的粮食体系制度化 - 对其他城市的支持

促成因素	开始	成熟阶段	对未来的思考
便利和促进政策	• 城市粮食体系规划和能力建设 • （非）正规食品零售选择使低收入人群获得可负担的、营养丰富和安全的食品 • 研究改善土地使用保有权的方法；防止被驱逐或排斥和基于社区的权利保护 • 农业用地审查，包括使用开放的土地空间，对土地资源的竞争和土地使用多样性的潜力 • 为城市和城郊农业提供支持 • 创新的激励政策和法规	• 随着城区的扩大，为城市周边地区提供激励措施，解决不同的土地使用权（例如，临时用户权利协议） • 地方政府能力建设，以完善分区规划的设计和实施，以沟通和促进城市与近郊联系 • 保障非正式住区的使用权 • 培养技术和创新的机构 • 地方食品生产和销售管理条例 • 宣传并提高认识	• 城市农业立法 • 粮食体系要素纳入土地使用计划、分区代码和住房方案中 • 替代粮食体系的创新模式 • 新的分配模式以及小农和中小企业食品中心
开放的数据、知识和案例证据库	• 粮食体系数据 • 计量 • 营销信息系统、市场信息 • 管理知识	• 综合基础设施平台 • 物流平台 • 对粮食体系子部门的空间分布的监测	• 大数据 • 农业普查与实时监测平台联动 • 基准分析 • 便利平台
有效的公共和私人的融资渠道	• 市政融资支持 • 食品中小企业融资合作伙伴 • 财政政策 • 公共种子资金	• 城市和城郊农业融资 • 城市食品基础设施的公私合作伙伴关系 • 初创企业奖励 • 多方联合融资	• 创新融资（例如，社会投资工具和市政保障计划） • 政府和社会资本合作项目中的城市粮食基础设施
多方参与的治理机制和能力	• 政府对城市粮食体系的认识和工作人员培训 • 利益相关方机制（例如，非正式粮食政策委员会） • 粮食体系利益各方的能力建设（例如，街头商人和食品加工商的食品安全问题） • 按管辖权和利益各方进行划分的政治经济学评估 • 监管差距评估/政策审查 • 扶持性政策工具 • 赛前合作	• 符合国家政策，和国际协议保持一致或调整这些协议 • 通过地方当局的政策和方案，在确定的主要利益相关方的配合下，实施城市区域粮食体系治理 • 调整农场系统以满足城市地区市场 • 种植和农业技术的变化 • 解决将权力下放给城市地区机构的风险 • 与农村当局的合作 • 鼓励对基础设施的投资 • 解决精英被有实力的买家挖角或滥用的风险	• 地方粮食体系政策和方案被纳入更大的城市区域发展目标（例如，气候变化） • 包容性和多利益相关方的治理安排，以及负责任的政府机构，带来多部门解决方案的能力和力量 • 负责粮食的机构 • 各级政府（较大城市及周边城市；城市及上级政府）之间的协调协议 • 结构良好且透明的贸易论坛/经纪服务，以匹配生产与需求

6

干预领域和
关键切入点

关键信息

- 第一个成果领域涉及创造更多更好的就业机会和发展农业食品企业，具体做法是：支持非正规粮食部门；支持青年和妇女就业；支持劳动力发展；支持中小微企业发展和创业。
- 通过更好地负担和获得粮食来改善粮食安全将需要政策、投资、创新和能力建设，以便：建设高效、现代化的粮食供应链；减少食物损失和食物浪费；以及为城市弱势群体制定有针对性的、珍惜粮食的社会保护方案。
- 改善有营养、多样化、优质和安全的食品的供应和获取，可通过以下途径加以解决：促进健康食品消费的政策；促进创新伙伴关系（例如，与餐馆）和机构采购营养食品；加强食品安全系统以预防食源性疾病；通过创新的供应渠道增加水果和蔬菜的供应和可获得性。
- 一个可持续的、有韧性的农业和粮食体系将需要通过以下方式来显著减少碳足迹：如采用新的和改进的方法、创新和技术；有助于减少排放和保护土地以及水资源供应的创新，如闭环城市粮食体系或城市林业。

城市、城镇、大都市地区和国家可以考虑四个广泛的干预领域，作为确定未来粮食体系战略的一部分。这些干预措施的目的是在相互关联的转型框架成果领域取得进展和成果：

- 高薪酬的就业机会和更好的农业综合企业；
- 粮食安全的可负担性和可获得性；
- 营养、多样化、质优和安全的食物；
- 可持续、有韧性的农业和粮食体系。

以下各节提出若干指示性政策、体制、技术、投资和能力建设措施及行动，并将这些考虑进方案里，以有助于实现粮食体系成果。以下对每个成果领域的干预措施的讨论旨在为思考潜在的干预措施提供一个初步结构，并得到实施实例和现有证据的支持。随后的阶段自然需要进行深入的经济和财务分析，作为在这些不同领域制定具体项目的基础。

新出现的经验表明，这些行动对取得相互关联的粮食体系成果，减贫和共享经济繁荣起到促进作用。建议的干预措施可能有助于产生多种成果。例如，与城市和城市周边生产水果和蔬菜有关的干预措施（在"营养、多样、优质和安全食品"一节中介绍）将有助于就业、提高可负担性和可持续农业，此外还将促进多样化、有营养的食品的供应。

这些干预措施的前提是公共、私营和民间机构之间的有力协作和互补，并认识到城市和农村地区作为同一不断变化的社会和经济进程的一部分，相互联系并相互依存。无论男女老少，机会对他们的成功都至关重要。虽然讨论是面向市政和都市区，但某些干预措施在社区、国家、分区域或全球各级可能更为适当。建议的粮食干预措施的成功往往取决于它们是否被系统地整合到综合城市规划和预算编制过程中（作为有利条件的一部分），并辅以其他部门的相关政策和投资行动，尤其是尊重有形和金融基础设施以及有利的宏观经济和商业环境。关注劳动、住房、卫生、教育和社会保护等领域也至关重要。

6.1 R：高薪酬的就业机会和更好的农业综合企业

在全球范围内，全世界超过20亿人依靠5亿个小农场维持生计。[193]除农场外，农业粮食体系往往是许多国家和城市的最大雇主，雇佣男子和妇女作为生产者和加工者、制造商、仓储人员、运输商和零售商，作为食品服务和餐馆的员工，以及食品回收和废物管理（图6.1）。随着人均收入的增加和饮食模式的转变，这些非农部门对工作的需求也将增长。[194]世界银行发表的《粮食领域的未来：构建能提供就业岗位的粮食体系》（2017）一文中表明，随着人均收入的增加，粮食制造和服务部门就业的比例相对于农业而言趋于增加，往往占制造业和服务业最初增长的很大一部分，从而占总体结构转型的很大一部分（图6.1）；这一分析与第2.2节中的分析一致。[195]

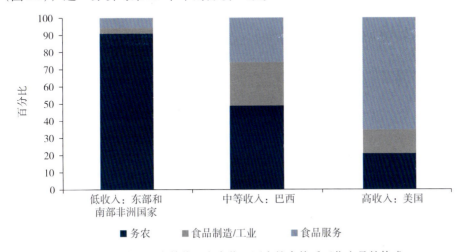

图6.1 低收入、中等收入和高收入国家粮食体系工作人员的构成

资料来源：① Tschirley David L., Jason Snyder, Michael Dolislager, Thomas Reardon, Steven Haggblade, Joseph Goeb, Lulama Traub, Francis Ejobi 和 Ferdi Meyer. 2015. 非洲正在发生的饮食转变：对农业食品系统就业的影响。发展中经济体和新兴经济体农业企业杂志，5(2)：102-136。② Rodrigues Moreira, Vilmar, Ricardo Kureski 和 Claudimar Pereira da Veiga. 2016. 巴西农业综合企业经济结构评估。科学世界杂志。

注：农业包括农场（16%），林业、渔业和相关活动（5%）。

为促进未来农业综合企业的发展和为青年、妇女和男子持续创造就业机会，需要在以下四个具体领域提供支持和采取行动：非正规部门；青年就业；劳动力发展；中小微企业和创业。支持这些措施尤其需要私营部门的参与。

6.1.1 支持非正规粮食行业环境

正如第三章所指出的，非正规粮食部门在非正规居住区中发挥着重要的粮食供应和生计作用。路边摊是非正规食品行业最普遍和最明显的例子之一，只要管理得当，也可以提高城市公共空间的质量。在这个多元化的部门里，在公共场所和以家庭为基础的零售环境中出售生食和熟食是一项重要的谋生手段，往往使妇女受益。[196]从消费者的角度来看，非正规食品市场可以提供营养、低成本的食物。[197]但他们往往得不到承认，会成为被骚扰的对象，也得不到很好的支持，而且大多数人缺乏提供安全、清洁的环境和卫生服务的基础设施如适当的食品储存设施、充足的水和卫生设施以及垃圾收集。[198]非正规食品经济在未来很长一段时间内仍将是城市的关键，因为城市贫民往往没有其他选择来购买食品。他们也可能不知道他们有权获得某些法律和社会保护以及工人福利，也不知道如何获得这些权利。[199]同样重要的议程涉及体面的工资和安全的劳动环境和标准，包括移民劳工在内（插文6.1）。

插文6.1　非正式的正规化：新加坡的小贩中心

- 20世纪60年代，约有4万名小贩活跃在街头和新加坡河沿岸，出售食品和其他低成本商品和服务。食品安全和环境问题也很严重。

- 当局推行了发牌及检查计划，但核心策略是将小贩迁往小贩中心，其中54个中心建于1970年代末，另外59个中心建于1980年代初。

- 在20世纪80年代和90年代，一项"管理和教育"的政策被分阶段实施，以改善卫生习惯。随着土地开发用于其他目的，一些中心被逐步淘汰，但人们越来越意识到，小贩中心也在社区中也发挥着重要的社交功能。

- 2001年，政府拨款4.2亿美元用于支持小贩中心的项目升级，其中包括多项基础设施的改善。一些中心得以完全重建，大多数中心设有中央冷冻室和清洁区。到2014年，109个中心得以升级，容纳了约6 000名供应商。

- 2016年，两个小贩摊位被授予米其林卓越之星。小贩中心有很多忠实的本地顾客，它们也吸引了很多游客。

资料来源：Ghani Azhar, 2011. 成功的秘诀：新加坡小贩中心是如何形成的。第3章，1～15，新加坡国立大学政策研究院。

由于大规模的非正规部门造成税收流失、工资低、公司生产率低以及缺乏信贷和养老金，政府需要解决非正规问题，包括采取措施减轻登记、征税和监管新企业的负担。技术还可以让注册公司通过数字记录获得信贷，从而使正规部门具有吸引力。[200] 对非正规部门的六项政策考虑：

- 政府正式承认非正规部门并将其纳入政策文件，由具有明确监督权限的机构提供支持；
- 支持有针对性的社会保护方案，以改善该部门的生计，[201] 侧重于针对性别的支持和帮助；
- 在市场现代化方案中注意非正规部门的需要，以免将他们排除在外，或使他们脱离市场摊位；
- 加强市政一级的能力，为目标方案提供公共预算；
- 为更成熟的非正规企业创造有利环境的市政政策；[202]
- 适用国际劳工组织关于从非正规经济向正规经济过渡的204号建议。[203]

6.1.2 青年就业

为年轻人提供就业机会仍然是一个首要的政策问题，因为许多国家希望通过发展提高劳动生产率和推动包容性增长所需的多样化熟练劳动力来兑现其人口红利。不断增长的国内消费食品市场为当地（和私人）在农业食品系统中的投资提供了巨大的机会，并已证明有潜力在农业、制造业和服务业等所有供应链部门拉动增长和创造就业机会。[204]

然而，要将潜力转化为现实，就需要对教育和技能发展能力进行大量投资，以培训数百万新的进入就业市场的人，估计在今后30年非洲将有7亿年轻人。[205] 需要为全球5亿失业青年迅速扩大有效的技能发展和培训计划，这些可能需要通过创新的社会保护方案来实现。[206]

学院、大学、职业和技术培训机构以及中学都需要加强其教学课程和项目，使青年男女能够成为下一代食品科学家、管理人员、技术人员、分析员和食品服务工作者。与农业食品公司的合作确保毕业生将完成具有在该部门工作所需技能的课程。

促进自谋职业和创业可以帮助一些正规和非正规部门的年轻人。这可以通过培训、辅导、开办补助金和帮助工商登记来促进，并可以引入到与商业、金融和经济有关的中学课程中。获得土地和资本是许多国家年轻人的主要制约因素。以下是与青年有关的就业发展方案的主要建议：[207]

- 重点关注预期创造更多、更好和包容性工作机会的领域，例如为不断扩大的外出就餐、食品制造和园艺部门提供服务的价值链。
- 制定和实施全面的青年就业战略和实施计划，并为各部委和各级政府之间协调的方案分配资金。这些方案应包括适当的衡量标准和监测系统。青年政策数据库提供关于青年就业政策和立法的信息。

- 支持开展有针对性的社会保护计划，以提高该部门青年的生存和谋生技能。
- 加快将信息通信技术和其他先进技术在农业食品系统、培训方案和创新中心中的应用（例如，卢旺达，基加利的KLab[208]）。
- 扩大具有成本效益的农业食品系统培训方案，改进课程，并增加私营部门参与培训方案的机会（实习、学徒和培训方案）。制定培训标准，加强市政能力和问责措施，以确保方案质量管控。
- 利用学术机构之间的全球伙伴关系进行合作开发课程和培训，并迅速开发免费的互联网培训方案。欧洲几所高等教育机构和可持续城市农业和粮食体系全球伙伴关系基金会开发了一个关于城市企业发展的免费在线课程。
- 确保中小企业集群能够获得最新的培训、技术和市场信息，并确定和实施解决政策和监管障碍的备选方案。青年人应当有机会接受这种专门培训。

6.1.3　劳动力发展

新技术和创新正在为农业粮食体系中的收入和高技能工作创造机会。[209]如果没有足够数量的管理人员、技术专家、企业家和训练有素、技术熟练的雇员，在农业、制造业和农业粮食体系从事多元化的工作，那么这些创新的有竞争力和切实可行的食品产业就不可能进一步发展。此外，受过良好教育的青年和受过商业发展和职业技能培训的妇女将会受益于农业粮食体系日益增长的知识强度，在高价值农业及相关的农业加工和附加值方面获得许多机会（插文6.2、6.3）。[210]

插文6.2　大学在城市食品方面处于领先地位

哥伦比亚特区大学的农业、城市可持续性和环境科学学院在华盛顿特区开设了城市食品中心，以测试加强小规模城市粮食体系的方法。

这些中心包括：使用生物密集型水产养殖和水培生产技术的高效食品生产场所；作为企业培训和食品加工以及当地食品附加值培训设施的商业厨房；减少废物和水的再利用方法；创新的新鲜食品配送系统，包括农贸市场、餐车以及与餐馆和食品零售商的合作伙伴关系。这一创新模式在一个食品匮乏的城市中非常有意义，520家食品零售商中有88%不提供新鲜农产品。

资料来源：哥伦比亚特区大学。愿景、使命、目标，2017年6月1日，查阅 https://www.udc.edu/causes/causes/about-causes/.

一个充满活力、可持续的粮食体系既需要一个充满活力的教育系统，也需要劳动技能的发展，以确保有经过正规培训和教育的男女工人的技能定期得到提升。加强与私营部门公司的伙伴关系对于发展该部门各种职业所需的技能至关重要。执行粮食体系战略计划和行业分析是了解粮食体系劳动力发展需求的先决条件。将教育和培训解决方案与业务或市场解决方案联系起来，有助于优先考虑提高业绩所需的关键技能和工作需求。[211]提高工人的技能将最终促进粮食体系的转变，并促进粮食价值链的增长，以满足消费者的需求。[212]

实习和学徒的相互协调对于充分培训和教育以及满足粮食生产者和农业粮食体系工作者的需要也很重要。市政机构可以促进和协调注册学徒计划或雇主委培计划，包括多种职业的管理工作经验和指导。

城市必须能够最大限度地利用新时代的信息通信技术，将其纳入新的和有经验的农业粮食体系企业家的教育和培训课程，使他们能够充分参与到日益自动化和数字化的经济中。通过互联网或移动电话进行连接，可以带来有价值的市场信息和金融服务。随着世界上75%以上的人口使用手机，32亿人使用互联网，通过公共服务转型和民主化创新信息和通信技术正在改变人们的管理和经营方式。[213]

6.1.4 中小微型企业和企业家精神

中小微企业在大多数经济体中发挥着重要作用，在农业食品部门占主导地位，特别是在乡村小镇。[214]新兴市场中有3.65亿～4.45亿的中小微企业。所有部门中的正规中小型企业约占就业总人数的50%，占新兴经济体国民收入的33%。大多数正规工作岗位都是中小型企业，它们还创造了4/5的新职位。

6.1.4.1　中小微企业政策环境

在许多情况下，市政当局、大都市地区和国家政府可能希望利用启动粮食体系工作的机会，从战略上审查并可能重新调整与中小微企业有关的政策和体制机制。公共、私营和民间社会组织合作审查和更新现行的劳动法、奖励办法、条例和机构监督机制，对于农业粮食体系未来的投资和创造就业机会至关重要。审查并权衡与食品加工公司规模有关的政策决策（例如，规模对产品负担能力、规模和创造就业机会的影响）及其相对资本或劳动强度也同样重要。最后，确保男性和女性拥有在粮食企业获得平等的服务和支持，这对于发展包容性粮食体系至关重要。

在世界许多地区，粮食体系创新主要是在中小微型企业一级进行的。然而，随着大型食品公司在粮食体系现代部门的整合和投资的增加，许多较小的参与者面临着越来越大的竞争压力。在许多情况下，虽然微型或小型企业可能几乎无法支付运营成本，只保留了很小的市场份额，但仍然对就业和生计作出了积极贡献。[215]有针对性的帮助可以提高它们的生产力和竞争力，帮助企业满足不断变化的消费食品需求，这需要在产品开发和营销方面越来越成熟。

电子商务食品企业的竞争力为中小微食品企业提供了巨大的机会，特别是因为它排除了实体店存在的必要性。需要更多地关注所有中小微食品企业的商业成本，包括新兴的电子商务行业。

监管改革通常包括企业注册程序，这可能使非正规企业主加入正规部门，从而更容易进入市场和获得服务。虽然企业注册往往有助于减少繁文缛节和促进竞争，但它可能不会刺激中小企业的增长，墨西哥的情况就是如此，墨西哥80%的非正式企业在注册后仍然是非正式的。[216]

税收政策将对中小企业发挥决定性作用。企业的良好业绩和扩大业务的能力可能会受到税收增加、监管更加复杂或对实际政策的认识和理解不足的阻碍。[217]然而，格鲁吉亚新的税收制度表明了政策转变的力量。格鲁吉亚对收入低于某一标准的公司实行零税率，致使首次在税务机关注册的公司数量增加了约40%。但是，虽然许多政府对中小企业实行类似的特殊税收政策，简化程序，有时降低税率，但这种税法也会鼓励企业保持小规模。[218]

6.1.4.2　中小微企业支持选项

在全世界广泛开展了提高企业业绩和协调会计、市场营销和财务规划等业务做法的技能培训。可惜，对业务实践和业绩的影响一直很有限。而提供咨询服务更为成功。正如关于青年就业的一节所讨论的，所有食品初创企业和许多中小微企业都需要在企业发展、将产品推向市场和维持其增长方面得到帮助。除了资本和支持性的商业生态系统外，企业家和中小微企业还需要指导。行业的发展需要对食品公司面临的所有问题和职能进行指导。许多企业培训机构面临的挑战是，如何获得小型和成熟食品企业所需的各种技能和建议，例如，投入、产出、种子资本/增长资本、质量控制、监管环境、产品开发。为食品企业家和中小微企业提供虚拟和实体指导的全球食品企业指导设施的发展，有可能解决在许多国家帮助食品企业的现有指导人员的数量、种类和特殊性方面的不足。中小微食品企业或企业家孵化器或加速器不应限于一个国家的一小部分潜在导师。

各城市或国家也可考虑建立或加强食品科学创新实验室，以协助食品中小企业和企业家进行产品开发和培训，或就营养、健康包装食品的标签、可追溯性和安全自然加工提供技术援助。这些实验室可与监管加工食品含量的法规和选择遵守这些法规的中小微企业联系起来。

支持中小企业的另一个关键问题是需要为城市粮食体系考虑新的商业模式。由于城市和近郊环境的特殊性，城市粮食生产的商业战略的具体性质和多样性需要比"农村"农业中的商业战略更加灵活。这些问题包括难以获得土地和土地费用高昂，需要与客户保持密切联系，以及需要开发新的供应商、客户、商业伙伴和服务商网络。[219]

6.1.5 按城市类型分列的指示性政策、投资、能力和知识干预

表6.1按城市类型列出了支持这第一个关键领域、高薪酬的工作机会和更好的农业综合企业的指示性干预措施。政策、投资和提高能力的干预措施可能因城市类型而有很大差异。例如，农业地区的小城镇可以加强对农产品加工的重视，因为它们靠近原材料，这增加了其成本竞争力。[220]某些建议，如中小微企业指导机制，可能非常适合于区域或全球层面。许多拟议的干预措施在很大程度上取决于其他部门的投入，其中最重要的是能源、运输和劳工政策部门的稳定投入。

由于这一城市粮食体系的工作正处于发展的早期阶段，分析的力度不够，对城市优先事项的理解不够全面和更新，因此我们可以根据每种类型的城市提出一份完整的干预区域清单。正是由于这个原因，提出了一揽子基本干预措施，可能适用于每一种类型的城市。今后各阶段的分析和协商将有助于完善这一表格。该表还列出了补充建议干预领域所需的其他部门的关键投入。

表6.1　有利就业和更好的农业企业：不同类型城市采取的指示性政策、投资、能力和知识干预措施

基础政策	C1：农业城市：以农业为基础的人口不足100万的城市	C2：扩张中的二级城市，总人口介于100万~1000万之间	C3：总人口超过1000万的特大城市和城市群	Cn：食品智慧型城市：尚未成型的未来城市和社区
• 非正规部门的政策和支持 • 支持中小微企业的商业环境 • 粮食体系教育和技能伙伴关系 • 全球中小企业/食品企业家技术指导设施 • 加强青年技能和生计的社会保护方案	• 可持续的城乡价值链的生产联盟 • 农粮加工园区或其他领域农工业投资工具	• 注重有效分配 • 批发零售发展 • 修改建筑法规和分区法规，使屋顶园艺、温室和其他商业农业成为可能 • 支持使食品中小微企业提高食品营养质量 • 创业孵化器		• 粮食体系沿线PPP • 发展 • 通过通信技术进行教育 • 与学术机构建立创新伙伴关系 • 非政府组织和其他组织 • 创业培训机构

为了使干预有效，需要其他部门的重要投入和政策：
• 加强劳工条例
• 电网或其他可再生能源基础设施
• 水和卫生服务得到加强
• 土地管理和政策
• 教育政策
• 商业和金融政策

6.2　A：粮食安全的可负担性和可获得性

预计到2050年，全世界人口将达到90多亿，其中城市人口预计将超过70亿。为这一庞大人口提供所需的食物需要巨大的运营、物流和生产力，并依赖于生产力的持续增长和多个层面提高，以确保粮食是可负担、安全和高质量的，并且能够让所有人获得，包括那些低收入阶层、生活在贫民窟或其他服务不足地区的城市居民。正确的激励、政策和监管环境对于扶持私营企业和调动私营部门在食品和农业部门的投资至关重要。如果设计和实施得当，一个有利的体制环境将助推国内食品经济，刺激区域内和出口市场，为基础广泛、可持续和包容性增长奠定基础。相关的政策措施、投资、创新和能力建设需要集中在以下方面：实现食物供应链的现代化；减少食物供应链上的食物损失与浪费；粮食安全；以及对城市弱势群体的政策支持。

6.2.1　实现食物供应链的现代化

这一领域包括一系列围绕提升供应链的政策措施，来提升供应链效率、

生产力和安全性来适应增长的食物需求，通过改善三种城市食物销售渠道（例如传统、现代、非正规）来提高面向所有消费者的食物可负担性和可获得性。批发市场的升级或者现代化是提升这三种城市食物销售渠道的至关重要的举措。在可预见的时期内，这三种渠道仍然将继续发挥功能，并为不同层次的食物需求消费者提供多样的食物供给服务。要与转型框架内各个互相联系的成果领域相一致，这些措施必须致力于提高营养性食物的使用价值，增强韧性和更加有效地控制碳排放，同时，要通过创造就业和增强粮食体系生计促进更大的包容性。把限定于食物系统的公共投资作为政策优先方向，促进在食物加工、气候智能交通和物流领域的私人投资，并推动更多民营资本投向批发和零售部门（这两个领域的成本占到城市市场食品价格的50%～70%），这对于提高生产力以保持食物的可负担性至关重要。[221] 反过来，充足的低成本食物供应被认为是整个经济体扩大就业机会的关键。[222]

城市食品市场及其治理机制的现代化，包括通过政府和社会资本合作实现的批发市场，是改善食物系统绩效的关键因素，因为它们是农村和城市参与者之间的枢纽（见第3章）。除了新鲜食品的装配、销售和购买外，现代批发市场还为市场参与者提供了餐厅和现代零售业所需增值空间（例如洗涤、分类、包装、储存、物流等领域）的空间。它们协助减少和回收废弃物、提高卫生条件、发展绿色能源和改进管理。[223] 除了保障不动产安全外，补充性的公共行动还包括提高交通流和货物装卸的物流效率，以及更好地进行垃圾收集、污水处理和其他卫生改善措施。[224] 各国政府正在采用一种更加包容的政策视角确保小型零售商或批发商不会因为成本太高而选择不去进行设施升级。[225] 巴黎市政府正在推行政府和社会资本合作模式，以促进低成本、气候友好的城市货运措施，包括使用城市铁路和将货运纳入土地利用规划。这一模式需要在许多拥挤的城市中心被快速复制和推广。[226] 就食品零售设施而言，改善整体商业环境（如合同执行、融资渠道和经营便利性）[227] 将使所有参与者受益。

在农村城镇或大城市的城市边缘发展农业食品加工园区或其他区域性农业产业投资方式（如农业走廊、集群、经济特区、农业孵化基地）[228]，可以从集聚经济和中小企业聚集中获得多重利益，这些中小企业在食品工业中占比达到75%。这样做的好处还包括为企业间合作创造有利环境，引导创新和作为有效引导公众支持的手段以提高竞争力。[229] 增加同一行业内的公司数量并将其集中在同一领域，可降低企业成本，提高生产相同产品的全要素生产率。[230] 集群经济或群聚效应适用于靠近大企业或者领军企业的小微企业。[231] 由于企业增长更多地与市场扩张有关，而不是与市场份额有关，[232] 我们可以设想，大型食品公司在产品或品牌开发及营销等领域对中小企业和潜在企业家提供非竞争性指导。这些不同的工具将基础设施投资与贸易和监管政策改革以及各领域发展计划结合起来，[233]并且提供了将关键公共产品供给与粮食体系社会投资联系起来的机会。

电力的正常供应和其价格的可负担性对这一领域的发展至关重要，尤其是对食品加工和冷链来说。在电力领域的补充性投资将需要电气化规划、良好的激励政策和监管环境（包括绿色电力），以及机构和财政实力。[234]提高包括非正规部门参与者在内的食品企业对冷链基础设施的可负担性和可获得性，将有助于提高盈利能力，减少食物损失与浪费，减少碳足迹。[235]

未来的食品价格和市场政策将需要密切关注竞争问题和监管城市食物供给体系的法规，密切关注市场集中度（企业数量及其各自的市场占有率）、规模经济以及对价格的影响。[236]例如，在亚洲，有证据表明，食品零售业的竞争正在加剧，而制造业和食品服务业领域却并没有。[237]与自有品牌、独家供应和采购协议、垄断联盟、市场准入壁垒和单一品牌有关的问题也引起了竞争方面的担忧。[238]

对"生产联盟"模式的适应，在拉丁美洲和加勒比地区的一些国家有效实施，可为以农业为基础的小城镇提供综合解决方案。其中包括小农生产者、一个或多个购买者和公共部门，他们通过商业计划联系在一起，该计划规定了提升市场准入的能力和技能所需的资本和生产者服务，以及通过公共赠款和生产者或购买者配套捐助来提供所需要的资金。[239]在供应链的特定阶段，上下游纵向一体化，甚至横向一体化都可能引发一系列潜在后果，包括从提高效率和盈利能力到市场失灵。在国家和城市/区域层面的有利环境，包括政策、机构、规章框架和激励措施，是其有效运作的关键。

通过市场信息机构了解不断演化的消费者食品需求市场变化的细微差别，对于中小企业来说是一项重要的公共和私营服务，有助于增强其相对于信息灵通的全球竞争对手的竞争地位。城市食品市场信息系统也需要进行类似的尝试，其对农村地区的积极影响已经很明显。市场信息系统已被证明能使粮食体系内的议价能力得到更公平的分配，通过私营企业提高决策水平从而提高市场效率，并且能够改善政府项目和技术开发的设计和实施。[240]

随着更多城市利用转型框架这一维度进行城市粮食体系评估，我们可能需要关注如何从小农生产者和中小企业身上获得更多食物（包容性），提供更多营养、健康的食物选择，并使食物来源多元化，以实现更大韧性（包括本地采购）。更具体的功能评估（如运输和交付）或市场渠道和碳足迹评估可以为公共和私营利益相关者提供信息，以确定优先次序并设计未来行动。

6.2.2 减少食物供应链上的食物损失与浪费

几乎所有的城市地区都面临严重的食物浪费，而且这将随着城市人口的增加而加剧。此外，有证据表明，比起工业化国家的城市，低收入国家的城市的食物浪费率实际上可能更高，这主要是由于缺乏基础设施来解决价值链上的严重食物损失与浪费问题。[241]虽然减少食物浪费是一项重大挑战，但解决这一浪费问题也为发展中的城市提供了机会，以减少碳排放、遏制森林砍伐和减少农业造成的水资源过度使用。同时，这也可以作为确保有营养和可负担的食物供应的更大战略的一部分。地方政府探索管理和减少食物浪费创新方法的势头确实正在形成。

世界资源研究所（WRI）进行的定量和定性研究和分析发现，对城市、家庭和私营食品公司来说，减少食物损失与浪费的举措具有较高的成本收益率，而在与消费相关的行动中，成本收益率更高。伦敦各行政区为减少家庭食物浪费每投资1英镑，就能节省8英镑。如果把市镇居民的经济利益计算在内，成本收益率甚至更高，达到92：1。在对17个国家的700家公司进行的抽样调查中，有一半公司的投资收益超过14倍。[242]

6.2.2.1　整合食物损失与浪费的解决方案

减少城市食物损失与浪费的成功实践在全球各地都可以找到，这些实践产生了重要的经济、社会和气候协同效益。例如，通过缩短运输、分配和零售的时间和距离，以及通过直接促成生产者与消费者交易，城市和城郊农业在减少城市食物损失与浪费，特别是易腐食物的损失和浪费方面具有巨大潜力。城市和城郊农业还可以吸收城市废物的来源，如雨水和家庭废水，这些废水可再用于灌溉，从而为生产者节省大量成本。[243]另一种日益普遍的做法是将餐馆垃圾用于发电，以减少堆积在垃圾填埋场的食物垃圾数量和相关的温室气体排放。几十年来，食物银行一直是减少温室气体排放的关键角色，目前它们正在扩大和使用创新的参与形式，包括针对仍适合消费的废弃食品，涉及学校供餐计划和创造就业机会。[244]2016年，法国通过了一项法律，禁止超市丢弃或销毁未售出的食品，要求超市将这些食品捐赠给慈善机构和食物银行。社会企业也通过宣传"丑陋的食品"来诠释"适合消费"这一定义，旨在减少因外观不符合零售标准而被丢弃的食品数量。[246]由于低收入国家大多数食物损失与浪费发生在生产和收获后，发展中国家和新兴经济体减少食物浪费的最大潜力可能是在与储存、运输、冷链和分销有关的基础设施领域进行市场主导的投资，加上技术技能发展和有针对性的支持。高收入国家减少食物浪费的最大潜力一般涉及零售、食品服务和消费者层面。[247]插文6.4列举了世界上不同国家和城市处理食物损失与浪费的一些实例。

6.2.2.2　减少食物损失与浪费的潜在措施

不管是在公司层面，还是食品供应链的特定职能部门，减少食物损失与浪费的努力通常会从收集可靠数据和仔细诊断供应链或粮食体系不同层面产生的废物或损失的数量开始。这一强有力的经验基础为利益相关者明确需要采取的策略和潜在的干预措施提供了基础，从而解决食物损失与浪费的根源。[248] 最近出台的《食物损失与浪费的会计和报告标准》（或食品损失和浪费标准）满足了对如何以一种一致和透明的方式来衡量食物损失与浪费的准则的迫切需要。[249]

插文6.4 食物浪费减少、回收和处理

- 巴西库里蒂巴市实施了一项创新计划，直接向居民收集固体废物。通过可回收材料的交易，参与这项名为"绿色变化"项目的居民可以从城市周边和郊区获得新鲜的农产品，或者以便宜30%的价格购买这些农产品。

- 斯里兰卡巴明戈德的市政固体废物堆肥厂地处城郊和农村地区，因为靠近耕作区方便废物在农业中再利用。

- 自2001年以来，瑞典林克平用来自公共食堂和餐馆的3 422吨食物垃圾生产了12.65千瓦时的沼气，为7%的当地汽车提供了燃料。该厂还生产了3 422吨生物肥料。

- 在拉脱维亚里加的盖特利尼垃圾填埋场，有超过40%的食物垃圾，产生的气体可以产生"绿色"能源，还可以为生产番茄的温室供暖，使当地超市可以在冬天淡季供应番茄。

- 在澳大利亚，零售和食品加工部门与食品回收组织合作，为当地社区节省了7 200多万份餐食，否则这些餐食将在2014—2015年被填埋。

- 在韩国，17个沼气设施和4个污水污泥干燥燃料设施每年将大约188 000吨有机废物转化为生物燃料。韩国的智能垃圾处理系统利用垃圾桶内设置的秤和射频识别（RFID）芯片来测量每个用户产生的食物垃圾，该系统已帮助14.5万名用户将食物垃圾减少30%。

- 香港的城市居民每天产生约3 900吨的食物垃圾。2013年香港在区级层面发起了"食物智慧"（food wise）运动。来自公共、私营和民间社会部门的320多个组织签署了一项鼓励减少食物浪费的章程。

- 英国的浪费和资源行动计划与食品制造商和零售商一起发起了"爱食物恨浪费"运动，300多个地方政府参与了该运动，以减少食物浪费。

- 加纳阿克拉的政府和私营部门合作建设了一家工厂，该工厂利用人类和其他有机废物生产安全、富营养的堆肥。

资料来源：粮农组织，全球粮食损失.
Gianfelici, F., L. Lancon, C. Bucatariu, M. Dubbeling, G. Santini, and Sudarshana Fernando. 2016.

将城市有机废物转变为农业投入物：斯里兰卡巴朗戈达．

Symbi Interreg Europe. 2017.副产品和能源交换生态系统全球实践指南和基准指南. 2017 年 6 月 1 日查阅. https://www.interregeurope.eu/fileadmin/user_upload/tx_tevprojects/library/file_1502280065.pdf.

世界银行. 2016.资助发展中国家的堆土废气项目. 2017 年 6 月 1 日查阅. http://documents.worldbank.org/curated/en/591471490358551160/Financing-landfill-gas-projects-in-developing-countries.

澳大利亚环境和能源部. 2016.共同努力减少澳大利亚的食物浪费. 2017 年 6 月 1 日查阅. http://www.environment.gov.au/protection/national-waste-policy/food-waste.

Innovation Seeds. 2017.＇韩国的食品废弃物减少政策. 2017 年 8 月 1 日查阅. http://www.innovationseeds.eu/policy-li-brary/core-articles/south-koreas-food-waste-reduction-policies.kl.

香港环境局. 2014.香港市食物垃圾和庭园垃圾规划. 2017 年 6 月 1 日查阅. http://legco.gov.hk/yr13-14/english/panels/ea/papers/ ea0224cb1-956-1-e.pdf.

全球社会责任认证组织. 2012.英国家庭食品和饮料废弃物. 2017 年 6 月 1 日查阅. http://www.wrap.org.uk/sites/files/wrap/hhfdw-2012-main.pdf.pdf. 国际农业研究磋商组织. 2017. 通过废物回收和为食品生产提供安全富养的肥料，新堆肥场帮助加纳经济绿色发展. 2017 年 6 月 1 日查阅. https://wle.cgiar.org/press-release-new-compost-plant-aid-greening-ghana%E2%80%99s-economy-recycling-waste-and-delivering-safe.

在肯尼亚从事沙漠香蕉种植的公司最近分析量化了供应链中的以下损失：土壤污染和阳光导致的收集和处理损失达 5%；高温和高含氧量导致的早熟占 20%；因装载、卸载不当和运输中保护不足占 10%；还有 10% 来自高温变质。因此，他们提出的减少损失的解决方案包括：对供应链参与人员在适当处理程序和质量控制方面进行培训；对批发市场和成熟室的预冷设施进行投资；评估增值加工的潜力；以及整合收获后病虫害管理计划。[250]这种详细的分析需作为所有干预措施的关键先决条件。

考虑到世界各地粮食体系中的食物损失与浪费的性质差别很大，减少城市食物损失与浪费的方法必须根据当地情况和特定的食品链参与者进行调整。越来越多的证据表明，在食品链的不同阶段，针对导致食物损失与浪费的具体原因需要采取不同的行动。这些结果，连同食物损失与浪费标准和新的指导材料（如世界资源研究所、粮农组织、世界食品安全委员会高级别专家小组），为推进这项工作提供了必要的基础。一系列可能的干预措施可作为指导个别参与者、公共和私营组织减少城市地区的食物损失与浪费的起点：

- 在食物供应链各阶段综合施策，确保食物损失与浪费解决方案的整合性；
- 应用食物损失与浪费标准，制定目标和行动计划并确保其实现；
- 将减少食物损失与浪费战略纳入行业发展政策的重要内容；
- 通过例如消除与食品标签和捐赠有关的监管阻碍等措施，来创造减少食物损失与浪费的有利环境；
- 开展增强避免食物损失与浪费意识的相关社会活动；

- 简化食品包装上的日期标签（例如销售日期、使用日期、最佳使用日期）；
- 对食物供应链上的关键行动者就包装、加工、收获后处理和流通方面的最佳实践进行培训；
- 鼓励对基础设施、冷却和冷链技术的投资，以减少包装、运输、存储、配送和零售过程中的食物损失与浪费，确保这些措施对小规模行动者的可及度；
- 鼓励对营养食物再分配和废弃食物再利用系统进行投资，例如堆肥或使用生物消化器进行厌氧分解；
- 提高研究和推广能力，以提高对防止食物损失与浪费的技术和具体情况的认识；
- 通过食物供应链，促进食物损失与浪费的数据收集和知识共享。

6.2.3 粮食安全：为城市弱势人群提供社会保护

各国和各城市政府利用食物补贴、各种类型的社会保护计划以及具体的营养和粮食安全计划来解决城市弱势人口的特殊福利和粮食需求。印度、印度尼西亚、近东和北非地区国家普遍采用国家食物补贴计划，以低于市场的价格向城市（和农村）弱势人口提供特定的食品。

社会保护项目涉及许多政策工具的使用，如现金和食品转移，保险，社会服务、儿童福利和公共工程，以实现多元化目标。这些目标包括保护家庭免受冲击的负面影响，帮助建立应对冲击和压力的韧性，解决危机的根本原因，并通过提高经济和生产能力减轻家庭脆弱性。它们越来越多地与人道主义援助一起使用，作为拯救生命和生计的响应，同时也增强家庭应对和抵御威胁和长期危机的能力。[251]各国政府还需要与市政、城市或者地区政府、非政府组织、双边机构和联合国机构密切合作，确保食物和水的充分供给，改善流离失所人员的营养状况，同时确保当地社区免受不利影响。

尽管针对食品和营养的社会保护计划尚未在城市地区广泛实施，但巴西贝洛奥里藏特已成功实施了一项全面的基于权利的计划和一系列政策，以确保城市穷人的粮食安全。该创新计划包括在贫困地区和城市内规模较大的市场，引导农民以低廉的价格直接面向消费者销售新鲜农产品。该地还建立了"人民餐厅"，每天以补贴价格向12 000人（其中85%是穷人）提供当地生产的食品。同时，发起营养教育，在学校提供当地生产的午餐，建立社区花园和广泛传播的食品市场价格信息系统，推动食物垃圾的创新利用。

墨西哥城的社区餐厅计划也是基于食物权原则，到2016年已在低收入社区建立了352家餐馆，每天以可负担且稳定的价格提供56 500份营养餐。社区餐厅由地方政府、学术机构、社会团体和私营部门联合运营。该项目也为弱势妇女、老年人和残疾人提供培训和就业。加拿大多伦多已经制定了一套以市场为导向的创新干预措施，以提高新鲜营养食品的可利用性和可负担性。[252]埃及食物银行是个人和机构捐助者之间的纽带，为埃及贫困和有需要的人提供食物，该机构的使命是"到2020年消除埃及的饥饿"。2014年，这一项目已经覆盖了200万个家庭。[253]

要发展以食物为基础的城市社会保护计划，就需要对这些用于解决城市粮食不安全和饥饿问题的不同项目进行更仔细的分析，并评估它们是否有可能融入当前的社会保护网络、社会保护体系和制度结构。一些国家还利用价格稳定计划、政府和合作社商店以及食品价格补贴计划，努力确保城市穷人以可负担的价格获得某些食品。对于各种社会保护机制，特别是就其在政府预算中所占的很大份额而言，需要更仔细地审查其覆盖范围、目标和效力。

6.2.4　不同类型城市的指示性政策、投资、能力建设和知识干预

表6.2显示的是在不同类型城市所采取的指示性的干预措施来支持食品安全的可负担性和可获得性这一关键领域。不同城市类型可能会在政策、投资和能力建设领域采取非常不一样的干预措施。

6.3　N：营养、多样化、质优和安全的食物

有大量证据表明，目前的世界粮食体系并没有为越来越多的人口提供营养饮食。[254]更健康的粮食体系在降低心血管疾病发病率方面拥有巨大潜力。[255]假设到目前为止，所讨论的改善措施能够增加城市中营养更丰富的食品的供应量和可负担性，那么增加其在消费中的份额也很重要。越来越明显的是，越来越多的城镇和城市居民是粮食不安全的。

考虑到家庭预算中有很大一部分是用于购买食品，提高营养食品可负担性的食品供应链干预措施（第6.2节）可以说是改善城市粮食安全的最重要措施。通过粮食体系工作增加获得收入的机会（第6.1节）是改善粮食安全和营养饮食的另一项重要行动。除这些措施外，增加获得优质保健服务、饮用水、卫生设施和教育、住房和公共交通的机会，是改善粮食安全和营养成果的重要补充措施，特别是对低收入人群和边缘化人群。交付并确保获得这些文书的重要性，再次突显出了需要其他部门做出的重要贡献。

表6.2 食品安全的可负担性和可获得性：不同类型城市采取的指示性政策、投资、能力建设和知识干预措施

基础政策	C1：农业城市：以农业为基础的人口不足100万的城市	C2：扩张中的二级城市，总人口介于100万到1 000万之间	C3：总人口超过1 000万的特大城市和城市群	Cn：食品智慧型城市：尚未成型的未来城市或者社区
• 推动食品市场基础设施现代化 • 供应链和食物损失浪费评估、计划和配套设施 • 食品损失浪费统计和报告 • 供应链参与者能力建设 • 食品安全应对项目 • 惠及城市贫民或者食物短缺人群的创新性的食品社会保护项目	• 生产性联盟 • 农业食品加工业园区或其他地区性农业产业投资工具 • 与二级城市和大城市的市场联系 • 收获后损失的运输和分配措施 • 在政府、医疗、私营部门和教育机构推广健康食品 • 为社区、学校花园提供闲置的市政、机构土地	• 运输物流或食品枢纽发展 • 冷链基础设施 • 食物可用性审查、计划 • 审查、计划贫民窟的粮食体系 • 从粮食到能源基础设施 • 支持贫困生产者使用私人闲置土地（例如，土地储备，税收优惠）	• 利用铁路、无人机等气候友好型运输系统 • 食物友好型房地产开发 • 先进的追溯方法（例如纳米技术） • 修改建筑法规和分区代码，以发展屋顶园艺、温室和其他商业性农业

为了使干预有效，需要其他部门的重要投入和政策：
• 发电或可再生能源基础设施
• 运输和信息技术
• 宽带上网
• 加强水和卫生服务
• 健康和安全标准制定

本节讨论了四个相互关联的行动，以改善粮食安全并增加营养、多样化、质优和安全食品的供应：

- 改善政策和监管环境，以促进营养丰富、多样化和质优的饮食和食品消费，减少不健康食品消费；
- 促进公共和私营参与者的创新性伙伴关系和营养食品的机构采购；
- 在城市和城郊地区促进和支持水果和蔬菜生产；
- 加强食品安全体系。

这些干预领域自然应该成为社区、市政、国家、区域和全球各级一系列部门和参与者的粮食行动、渐进式学习和评估综合计划的一部分。

6.3.1 制定更营养、多样化和质优饮食的潜在政策

改变消费模式，使饮食更有营养并非易事。人们被那些看起来更令人愉悦的食物所吸引，这些食物含有更多的糖、盐和脂肪，而且更容易制作。[256]有

大量证据表明，加工食品和饮料中含有高水平的糖、盐和饱和脂肪，使超重和肥胖流行，导致非传染性疾病和健康不良迅速增加。人们选择吃的食物受到收入和相对价格、社会文化环境、生活方式以及某些食物消费的社会价值观强烈影响。购买决策和消费选择同样受到定期接触广告和其他环境刺激的影响，这些刺激会触发更多的自动、非认知行为，很大程度上不需要有意识的反思。[257] 因此，许多仅基于知识的针对个人行为改变的干预措施在很大程度上是无效的。以较低的成本提供高度加工、营养不足的食品，这些食品通常更容易获得、分配方便，显著表现出与一些发达国家"食物沼泽"[258]和"食物荒漠"有关的所有特征。这些食物正批发进口至发展中国家，获得这些食物被视为是日益繁荣的标志。

所有这些因素都与影响激励和监管环境的政策决策有关，这些环境指导着经济参与者和消费者的行为（图6.2）。众所周知，改善营养和健康成果需要采取行动，从需求和供给两个方面来解决问题。"如果人们做出更健康的选择。粮食体系将有更大动力生产出更健康的产品。与此同时，更健康的食品供应会使个体做出更健康的选择"。[259]某些分析得出结论，鉴于通过私营部门自愿进行自我约束或者通过政府和社会资本合作模式在实现积极变革方面已被证明是无效的，食品行业的监管是解决粮食体系营养挑战的唯一可行选择。[260]

很显然，需要对城市和国家实施的少量营养措施进行更严格的政策影响评估。现有证据表明，除了增加不健康、营养不良食品的相对成本，减少其接触和消费之外，还需要采取自愿和非自愿措施，以改善获得和促进消费负担得起的营养食品的机会。[261]

潜在的政策措施可以采取多种形式，并具有不同的切入点：对高脂肪含量食品征税（见丹麦经验，插文6.5）；[262]媒体和零售商店对营养不良食品的广告和营销限制；简单、统一且易于理解的食品标签措施，其中规定了营养成分、明确的有效期、包装标签正面或红绿灯标签，以表明营养良好（绿色）或营养不良（红色）；对快餐店的分区限制；关于进口高脂肪食品或糖和钠含量的食品标准；产品配方政策；以及使用特殊加工技术。还需要强大的问责机制来跟踪和执行政策的应用。其中许多操作措施在最近的几份报告和框架中都得到了很好的发展（例如，世界癌症研究基金会国际组织的营养框架，ICN2行动框架，全球专家小组展望报告，粮农组织营养敏感农业工具包）。[263]

除了要针对特定城市或国家采取行动，来增加营养、健康食品的供应和获取外，减少（或消除）营养差的、不健康的食品的供应和获取，还需要从生产端对全球食品供应进行激励。[264]

图6.2　关于营养的食物政策

资料来源：柳叶刀. 2015. 肥胖. 2017年6月1日查询. http://www.thelancet.com/series/obesity-2015.

　　另一方面，影响生产、销售、加工和消费营养食品的激励措施政策杠杆使用较少，但值得进行更多的分析和努力，以便进行大规模设计、测试、评估和实施。可能的措施包括：以可负担的价格出售营养食品；强制食品供应商在低收入地区销售营养食品；对健康食品不征收或者征收低营业税；食物链的食品可追溯性要求；购买营养食品的折扣方案；以及在生产和加工范围内食品强化的激励措施、支持和标准。

插文 6.5 丹麦"脂肪税"的启示

2011 年，丹麦征收了世界上第一笔饱和脂肪税：对肉、奶制品、动物脂肪、油、人造黄油、黄油混合物和含有这些成分的加工产品中的饱和脂肪，每千克征收 16 丹麦克朗（合 2.90 美元）。脂肪税通过后 15 个月就被废除了。关于这一税收，政策分析突出了几点：它由于设计拙劣而受到强烈批评。随着时间流逝，该措施的支持率和欢迎度逐渐下降。政客们认为脂肪税是筹资来源，而不是公共卫生问题。行业利益相关者的巨大影响（即反对）没有与公共卫生专业人员的投入保持平衡。

来源：Bødker, Malene, Charlotta Pisinger, Ulla Toft, and Torben Jørgensen. 2015. The rise and fall of the world's first fat tax. *Health policy*, 119（6）：737–742.

在减少食物中的盐和反式脂肪方面有重要的先例。2001 年，在公众的支持下，英国在食品工业公司逐步实施了一项减盐计划，该计划包括一系列目标、改善标签和消费者意识的措施。计划实施后，一些食品的含盐量减少了 70%，24 小时尿钠量减少了 15%。[265] 同样令人鼓舞的是，1990—2013 年，全球所有收入水平的反式脂肪消费量均下降了 13%～30%。[266] 确定增加营养食品消费量的有效措施变得越来越重要，尤其是对于水果和蔬菜而言，目前每日消费量比建议水平低 66%（第 2.3 节）。[267]

建议将营养食品的价格设定为低于市场水平 20%～50%，这需要以正确的受益人为目标，对补贴要素的财政影响进行认真的分析，并注意在设计方面与逐步淘汰条款的相关联性。

发起利益相关者关于以食物为基础的饮食指南的讨论，是一种低调、无威胁的方式，可以解决众多城市食品问题，尤其是与健康饮食、[268] 食品质量和安全相关的问题。制定新的准则或更新现有准则[269]，并确定城市中营养、健康饮食的构成，可以提供清晰的饮食视野和食物指南针，来启动一套综合的政策、法规、机构和投资措施，以支持更富营养的粮食体系。巴西最近根据对文化、社会经济、环境、生物和行为方面的原则和考虑，制定了以食物和膳食为基础的饮食指南。[270]

市级政府和中央政府可以通过设计激励措施和监管措施，解决非传染性疾病（例如糖尿病）的风险因素，进而以健康为切入点找到解决这些问题的更大政策牵引力，其中许多因素将不可避免地会导致粮食体系干预。

6.3.2 营养食品的公私合作关系

公共机构、饭店和其他私营部门参与者的直接干预，可以有效地补充政策和监管措施，以采购和提供更多营养食品。公立学校、医院、政府机构和军队每天要供应数百万份餐食。越来越多的例子强调了建立营养食品标准并转变公共餐饮服务，以供应营养食品的积极影响。巴西、希腊、意大利、日本和韩国的许多学校系统已成功地采取行动，在学校食堂提供营养食品[271]，而在一些国家，学生们维护的小菜园正在教导他们以新鲜植物为基础的饮食价值。本地采购为本地粮食体系带来了增长和就业机会的效益，并有助于粮食体系维持新鲜度和质量，同时通过缩短价值链减少碳足迹。在适当的政策和激励措施刺激下，许多准备和提供饭菜的公共机构可以采取类似措施，为广大社区树立榜样。

鉴于越来越多的人都在吃预先准备好的饭菜或在外吃饭，与食品加工商、私人餐馆、厨师和食品供应商合作同样重要。当人们从家外采购饭菜时，他们就放弃了对食物质量的控制，在某种程度上放弃了对所食用食物种类、甚至数量的控制。商业制备的食物通常含有大量的脂肪、盐和糖。全世界儿童每天在快餐中摄入的卡路里百分比在不断增加。在美国，从1977年的4%跃升至2013年的14%。新加坡的"健康食品倡议"和印度尼西亚雅加达的"健康推车计划"是两个创新计划，以促进和便利私营行动者提供营养食品。采购优质食材以及准备和食用有营养且方便的食物，会鼓励当地厨师、食品科学实验室、食品加工商、餐馆和街头食品摊贩开发更健康、更卫生的当地食品，培训他们制作方法，并促进他们的营销和消费。方便、优质的本地食品通常是首选，但往往无法获得，有时与廉价进口食品相比还没有竞争力。

创新性地使用社交媒体、大型大众媒体以及社会营销活动，是影响指导食物选择观念、行为和偏好的重要组成部分。自然而然地，更全面的营养食品运动将需要在多个层面上采取一整套协调一致的行动，除农业外，这些活动还将涉及教育、卫生、水、能源和贸易部门，以推广营养食品并阻止不健康的替代品。鼓励学校和高等教育机构提供营养食品可能涉及多种措施，包括强制性营养教育、体育教育以及新的、营养和可持续性的食品课程。

一些城市的市长和市议会在政治上对这一议题高度重视，并且与民间社会食品运动（例如"慢食"运动）[272]和私营部门建立有效伙伴关系，可以解决动物蛋白消费量增加的问题。这种蛋白质与非传染性疾病风险增加有关，产生的温室气体排放量是植物性饮食的两倍。实验室培育肉类的进展为遏制全球肉类消费量上升，以及随之而来的健康问题和碳排放量上升提供了希望。创造性的解决方案将需要克服许多障碍：克服公众对任何似乎侵犯消费者选择权的行为的不容忍；肉在许多社会中的文化和象征性意义；私营部门的反对；人们对气候变化的矛盾情绪；以及政府对改变人们饮食的干预措施的可接受性和预期结果的不确定性。[273] 越来越多的观察性证据表明，年轻一代更愿意接受饮食变化。

6.3.3 通过城市和城郊园艺生产改善营养

城市和城郊农业在世界各地广泛实施，其形式、地点和规模因城市和国家而异（第3.1.2节）。城市和城郊农业对粮食体系的就业、生计和商业非常重要（第6.1节），将来可以扩展成为包容性增长更有活力的引擎。在为长期危机中的家庭，以及逃离冲突或极端天气事件的难民和国内流离失所者提供生计和改善粮食安全方面发挥着至关重要的作用。国际都市农业基金会（RUAF）在经济发展脆弱地区记录了无数的城市和城郊农业实例：卡库玛难民营（肯尼亚）；大弗里敦地区的贫民窟（塞拉利昂）；蒙罗维亚（利比里亚）；基尔库克（伊拉克）；哈拉雷（津巴布韦）；阿霍里兰（乌干达北部）和吉吉加（埃塞俄比亚）的粮食安全和生计方案；联合国难民事务高级专员办事处（UNHCR）难民营中的园艺记录。

城市和城郊农业还能发挥关键的环境和生态服务作用，包括减缓和适应气候变化、减少城市热岛效应、保护生物多样性和防洪，从而增强家庭、社区和城市的韧性，促进社区团结发展。最后，城市和城郊农业代表了食物–水–能量关系中的一个关键环节，在资源回收再利用和能源生产闭环系统中具有巨大潜力。

插文 6.6　难民现金转移支付为当地社区带来了巨大的经济利益

卢旺达和乌干达制定了战略，以最大程度地提高难民对粮食体系和地方经济的积极影响。难民在现金转移计划中收到的每一美元，对东道国当地社区产生 1.51～1.95 美元的经济收益，而粮食配给时的实际收入增加了 1.2 美元。当获得土地时，现金为当地的粮食生产提供了强有力的动力，这使家庭能够为粮食体系做出贡献并建立生计。

资料来源：Taylor, J. Edward, Mateusz J. Filipski, Mohamad Alloush, Anubhab Gupta, Ruben Irvin Rojas Valdes, and Ernesto Gonzalez-Estrada. 2016. Economic impact of refugees. *Proceedings of the National Academy of Sciences*, 113（27）：7449–7453.

在讨论改善粮食安全和质量及营养食品行动的背景下，并考虑到全世界极低的水果和蔬菜消费水平，城市和城郊农业可以在增加消费者对新鲜、安全园艺产品的可负担性和可获得性方面发挥关键作用。如本报告所述，增加水果和蔬菜的消费是改善人类营养和健康的一个重要组成部分。

在许多城市，城市和城郊农业贡献的食物所占比例很大，比如墨西哥城20%的食品由城市和城郊农业提供，尤其是新鲜水果和蔬菜；中国南京这一农业模式提供了80%的绿叶蔬菜；上海有55%的蔬菜和90%的绿叶蔬菜由城市和城郊农业提供。尽管对多国分析表明，城市和城郊农业在各个国家的参与率介于城市家庭的11%～69%，但无法对城市和城郊农业的普及率进行系统、严格地估计。[274]

事实证明，城市和城郊农业是城市弱势家庭食物和收入的宝贵来源，可盈利的、更加商业导向的体系可作为创造就业机会和增加收入的动力引擎。[275]在劳动密集型的市场园艺中，除了后向和前向联系（投入、营销和增值）产生的就业机会之外，估计平均每110平方米可以创造一份就业机会。[276]

城市和城郊的水果和蔬菜生产，因其多样性，可以成为资源节约型生产的未来创新者，这对所有农业系统都至关重要，对于全球日益受到资源短缺挑战（例如土地、水、能源）的城市也必不可少。城市和城郊农业的现代创新形式（例如水培、气培）生产蔬菜所需的水量是常规生产的二十分之一，而生长时间却是常规生产的一半。[277]城市和城郊农业模型的多样性为资本密集型和劳动力密集型生产系统提供了机会。

插文6.7 古巴哈瓦那：应对蔬菜供给挑战

在1997—2009年，古巴哈瓦那的蔬菜产量增加了1 325%，从20 000吨增加到285 166吨，相当于人均每天330克，超过了政府承诺的为城市214万人口人均每天生产300克的承诺（世界卫生组织建议级别）。在建立了全面的政策、监管和法律框架之后，政府启动了成功的试点，改变了政府内部的不同意见，并完善了人力资源和经济激励措施，以鼓励政府方面和来自利益相关方的专家参与。城市和城郊农业计划包括多样化的体系（例如畜牧业、林业、种植业），并由苗圃、农药实验室、堆肥、兽医等服务业提供支持。该项目总共创造了22 700个工作岗位。

资料来源：Santandreu, Alain. 2010. Havana, Cuba urban agriculture policy. *IPES Promotion of sustainable development case study.*

尽管人们日益认识到城市和城郊农业取得的显著成就和影响力，但在世界许多地方，城市和城郊农业很少被纳入城市规划中。[278]实际上，许多城市官员并不赞成城市农业，认为它是一种落后的、非正规活动，应该被淘汰，或者最多是被容忍。为了使城市和城郊农业蓬勃发展并为城市提供多重效益，必须首先将城市和城郊农业纳入城市规划中，并有明确的政策、激励措施，以及关于土地分区、使用和所有权划分透明、可执行的法规和机制。无论是在新的市政或大都市区机构中，还是在国家农业、水或环境部的新部门中，这都将需要进行重大的机构变革和能力建设。城市和城郊农业的扩大或发展，特别是新技术的使用，需要有课程、技能开发、配套系统和创新伙伴关系的支持，这将促进适当技术和投入产业的发展和行业准入。

由于缺乏证据基础，需要在不同规模和不同环境下，对不同的园艺生产系统和技术进行更严格的农艺和社会经济分析，既适合低资产生产者，也适合尖端创新者。城市和城郊农业提供了一个独特的机会，来开发和测试生产性的、盈利的、资源高效的技术，以便在不同的城市环境中大规模实施。城市和城郊农业的审查还必须从可持续资源利用和温室气体排放的角度评估新技术和风险，因为不同系统有不同的气候和资源足迹。同样需要评估种子品种的充分性，以确定加强公共园艺研究的优先事项，并规划协调国家、次区域和全球合作努力。由于城市土地的机会成本高，建议未来投资需要仔细评估消费者食品市场需求的细微差别、土地的机会成本、减轻风险的选项，以及确定创新性的模式，如垂直农场和利用废弃空间。

为了更广泛地实施城市和城郊农业，许多城市需要解决重金属和其他污染物造成的土壤污染问题，[279]还需要建立或加强城市生产者组织的技术和政治能力，以提供服务。经营良好的生产者组织可以与食品零售商谈判获得信贷和合同，并在农民培训和推广以及产品质量控制和认证方面发挥作用。增强城市生产者和中小微企业的组织和政治意识，可以提高它们的话语权和能力，有效地倡导其在城市规划和决策方面的诉求，如保障土地所有权和用水权。[280]城市和城郊农业审查还需要评估动物生产系统的可行性、与之相关的风险和所需的法规，特别是考虑到传染病的风险。

6.3.4　加强食品安全体系

越来越多的公众关注和参与促进了食品安全的长足发展。即使这样，每年仍有约6亿人因受污染的食物而患病，并导致许多人死亡。就区域而言，在南方国家，特别是在非洲和南亚，发生食源性疾病的可能性最大。[281]现代食品安全体系包括各种机构、政策和监管框架，以及各种工具和方法，以确保正规和非正规部门的食品安全。本节讨论与食品安全法规和标准、非正规部门食品参与者、动物健康和福利以及与食品中小企业援助有关的行动。

6.3.4.1　食品安全的标准和管理

食品安全问题的监管和缓解措施是公共和私营部门共同承担的责任。食品安全本质上是一种"公共产品"，因为安全食品是任何粮食体系确保对食品供应信任的基本要求。由于存在外部性、信息不对称和公益性特征，单靠市场通常无法提供社会所期望的食品安全保障。

公共部门的职责范围越来越集中于通过建立适当的立法和政策框架、提供激励措施以增强私营部门提供安全食品的能力、促进良好做法和提供合规支持来营造有利的环境。政府还需要实施一个设计良好、平衡的控制和执行体系，以确保食品安全，同时建立消费者信心，避免对市场运行的不当干预。有效履行这些职责需要以下支持：训练有素和负责任的食品检查网络、协调科学和基于风险的食品安全监督计划、能够提供及时和有质量保证的实验室检测网络（公共和私营），以及风险沟通能力和策略。

对食品安全体系、程序和能力进行升级或现代化改造是城市粮食体系一个优先的关键领域。低收入和中等收入国家的许多食品供应链缺乏适当的农业、生产和卫生实践，也没有实施严格的食品安全标准。这一升级任务变得越来越重要，尤其是考虑到粮食体系持续转型、消费模式（如动物蛋白、在家庭外就餐、加工产品）变化、进入市中心的食物数量增长和多样性特征、参与粮食体系的正规和非正规参与者的数量和多样性增加，以及各种食源性致病菌（如人畜共患疾病、寄生虫、微生物、添加剂）的威胁。食品安全体系需要加强预防和监测方面的措施，以及对具体疫情作出紧急反应的程序和能力。

完善国家粮食体系，使之符合食品法典委员会（或"食品法典"）、国际标准化组织（ISO）、世界动物卫生组织（OIE）、食品卫生通则、危害分析和关键控制点（HACCP）以及其他自愿性和私人标准 [例如良好农业实践（GAP）、全球食品安全倡议（GFSI）] 确立的国际标准是一个关键的起点。确定公共和私人标准的适当组合和重要性是许多国家和城市关注的一个重要领域，特别是某些食品的第三方私人认证可能不包括城市穷人消费的食品。出于盈利动机的掺假行为是对食品供应链完整性的一大威胁，其潜在影响包括消费者信任的丧失、品牌声誉的损害、食品安全。提高对掺假的认识，和采取对出于盈利动机的掺假行为更加成熟的评估和打击方式，对于保证现代食品安全至关重要。虽然食品安全一直是出口导向型供应链关注的一个主要关切领域，但它在影响国内供应链的竞争力方面也日益重要，因为国内供应链寻求向关心食品质量和安全的消费者销售食品。

城市粮食体系需要注意评估露天市场（特别是活体动物市场）的食源性危害和安全问题、城市和城郊农业中的环境污染物（如重金属），以及日益增长的正规和非正规食品服务和餐饮业。为确保获取清洁饮用水、电和卫生设施而进行的投资，是改善食品安全和卫生的一项优先投资。

确定重点领域的优先次序（例如监管、投资），包括进行哪些机构和人员的能力建设、加强哪些伙伴关系，将取决于改善当前食品安全状况的证据基础、对粮食体系危害的识别和对食品安全实践的评估过程。例如，利用粮农组织准则进行粮食体系食品安全评估（或供应链审计），将是许多城市和国家获取必要信息以确定食品安全干预措施的第一步。为了实现对食品安全体系的持续投资，有必要在未来加强公共和私营部门持续性和实质性的支出。

严格实施食品安全管理，进一步增强这一方面的能力和体系（例如国际标准化组织制定的ISO 22000标准）是推动食品安全的全链条方法。它不仅适用于食品加工商，而且从田间延伸到餐桌，包括包装和原料供应商、餐饮供应商、存储和分销设施、化工和机械制造商，也可以应用于初级生产者，如农场。国际食品标准（IFS）是处理零售商（和批发商）品牌食品质量和食品安全的另一个严格的国际方法。[285] 对于加强和执行有关食品掺假和食品欺诈的法规来说，食品安全管理也很重要。这些措施都是获得消费者信心和积极改变对产品质量和安全看法的基本措施，从而在国内、区域和国际市场上促进竞争。加强食品工业、政府和民间社会之间协作机制的运作，是设计和实施现代化计划的关键步骤。

公私合作来升级食品标签法规是与有效食品安全体系相关的另一个关键工作领域。考虑到加工食品和包装食品的消费增加，国际标签标准的应用变得越来越重要。全过程跟踪食品生产、加工和分销过程的可追溯系统，被广泛应用于全球食品供应链（例如GFSI）。[287, 288] 尽管当前的食品标签程序可能无法保证食品的真实性、质量和安全性，各种可追溯性的工具（例如RFID、全息图、条形码、芯片）可以为消费者和粮食体系参与者提供更好的信息。但是，可追溯性工具只有建立在整个食品供应链的全球标准之上，采用自适应技术并强调行业参与者之间的沟通，才能取得成功。[289] 然而，对于低收入国家的许多粮食体系参与者来说，实时、复杂的技术驱动系统成本可能会太高。各国可能需要更好地理解和评估纳米技术（例如，包装上的颜色变化以指示变质的食物），以确定其未来的作用和消费者的接受程度。

食品安全风险评估的开展（例如使用世卫组织工具）为城市或国家判断食品类产品对人类健康的潜在危害提供了基础。上海是中国第一个进行食品风险评估的城市，该市首先是对农产品农药残留和当地保健品中非法添加剂的使用进行调查。[291] 上海还积极鼓励消费者参与食品安全议题，建立了食品安全咨询、违规和投诉的公共热线。该热线2015年共接到电话9万多次。

6.3.4.2　非正规部门的食品安全

街头食品在城市食品消费中占越来越大的比重，据估计，大约有25亿人每天都吃街头食品，其中许多人住在非正规定居点。[292]同样，街头食品制作和出售为数百万资产基础低、教育或技能有限的男女提供了固定收入来源。[293]虽然街头食品和非正规食品经济具有明显的社会经济重要性，但确保食品安全和卫生却成为一个问题。[294]事实上，低收入国家的大多数食源性疾病是由于食用了在这些非正规市场出售的易腐食品造成的。由于对高危食品（如牲畜、乳制品、鱼类产品和相对易腐烂的农产品）的消费大幅增加，[295]食源性疾病可能会增加。不当使用添加剂，如着色剂和防腐剂，食品掺假以及接触其他污染物也是街头食品的另一危险。[296]

政府对非正规部门的政策不明确，往往阻碍建立有效的监管环境来监测和预防食品危害。关于街头售卖的政策和对非正规食品制作和零售商店的监管政策仍不明确，而且往往相互矛盾。在一些国家，街头小贩被定义为非法，但摊贩仍然必须纳税或进行登记。街头小贩常常为了能继续营业被迫承担贿赂地方当局的额外费用。[297]

此外，非正规食品销售渠道的食品安全危害和做法没有得到定期评估，尽管这些渠道对穷人和普通大众来说是非常重要的食品来源。因此，虽然许多发展中国家的决策者和其他利益相关者认识到现行食品安全体系存在差距和不足，但是他们对这样的系统性缺陷所产生的社会经济影响，以及从补救或前瞻性的投资中可获得的潜在收益的大小知之甚少。

旨在培训非正规价值链参与者的举措目前成效有限，因为许多流动商贩几乎没有接受过食品卫生或环境卫生方面的培训，而且必须在困难和不卫生的条件下工作。一些地方政府已经采取措施来改善街头食品销售。南非卫生部倡议制定了一项非正规食品贸易方案，以促进街头食品摊贩安全处理食品，其实施战略包括对摊贩进行登记和分配销售空间。[298]

除了阐明政府对非正规领域的政策外，上一节有关食品安全标准和法规中建议的干预措施还需要通过非正规粮食体系的角度进行审查，从而形成一套针对参与者以及他们对这一重要经济领域需求和威胁的具体行动。

6.3.4.3　动物健康、福利和食品安全

动物健康与动物福利息息相关，因为受到良好治疗的动物对疾病的抵抗力更强，因此向人类传播的风险更低。动物福利的改善可以减少应激引起的免疫抑制、农场中传染病的发生以及抗生素的使用。此外，改善动物福利也可以提高产品质量，产生更高的回报。[299]用作食物生产的动物的福利也日益被人们视为整个粮食体系中消费者和参与者的重要道德关切。

持续提升基于危害分析和关键控制点（HACCP）的动物福利方法有助于

动物福利和食品安全标准的顺利整合。[300, 301] 然而，国际上对动物福利计划还没有统一标准。缺乏标准化可能会阻碍按特定福利水平饲养的动物产品的需求和贸易。为动物福利认证计划确定一个可信的最佳实践框架是第一步，可以使许多国家受益。这一认证计划的目的可以是为最低福利水平提供保障，也可以是促进其计划成员的福利改善。[302]

动物疾病也是对公共卫生的威胁。如果在牲畜饲养过程中没有适当处理，或者产品本身没有适当处理，那么牲畜衍生食品可能对人类健康构成巨大风险。结核病、狂犬病、布鲁氏菌病和裂谷热只是来源于动物的传染病的一些众所周知的案例。在全球范围内，每年有13种常见的人畜共患病导致多达220万人死亡和24亿人次患病。[303] 为了监测和应对人畜共患病，加强食品安全机构及人员的能力和程序建设极为重要，包括针对城市地区的活体动物市场。

抗生素作为畜牧生产中的生长促进剂被过度使用是加速抗生素耐药性（AMR）的重要因素。当微生物经常暴露于足以使它们产生抗药性的抗生素和其他抗菌药物中时，就会发生耐药性。这些抗生素中约有75%未经代谢而排出体外并分散到环境中。抗生素耐药性已经对我们治疗人类肺结核、疟疾和其他疾病的能力产生了影响，并且越来越被视为对人类健康的重要全球威胁。随着动物和人类健康之间的联系日益紧密，粮食体系也需要在投资于预防、准备和应对传染病方面加强多部门合作。[304]

6.3.4.4　中小微企业和食品安全

小企业在确保食品安全方面仍然面临挑战，包括无法支付高昂的法律合规成本，还要确保这些增加的成本不会导致贫困消费者难以负担起营养食品。政策和项目需要在现代化设备、现代化卫生和制冷设施、食品安全和卫生标准培训以及行为改变的基础上加强中小微企业的食品安全措施。[305] 国家或城市可能还希望考虑建立或加强食品科学创新实验室，以协助产品开发、技术评估，以及对中小微企业和食品企业家的培训或技术援助。这些食品企业家面临着开发解决方案的挑战，这些解决方案与标签、追溯性和生产安全，以及营养、健康的包装食品的自然加工等方面有关。

6.3.5　不同类型城市的指示性政策、投资、能力建设和知识干预

表6.3显示的是在不同类型的城市所采取的指向性的干预措施来支持第三个关键领域：提供营养、多样化、质优和安全的食物。不同城市类型可能会在政策、投资和能力建设领域采取非常不同的干预措施。

表 6.3 提供营养、多样化、质优和安全的食物：各个类型城市采取的指示性政策、投资、能力建设和知识干预措施

基础政策	C1：农业城市：以农业为基础的总人口小于100万的城市	C2：扩张中的二级城市，总人口介于100万 ~ 1 000万之间	C3：总人口超过1 000万的特大城市和城市群	Cn：食品智慧型城市：尚未成型的未来城市和社区
• 关于营养的食物政策、计划和评估 • 制定饮食指南 • 制定营养标准 • 发展食品安全机构和管理体系；更新程序、模式和标准；进行审计 • 针对街头摊贩采取营养措施 • 对社区和学校的园圃开放市政土地 • 城市和城郊农业配套设施 • 园艺研究	• 发展郊区生产体系 • 在学校推广营养食品计划 • 在低收入和服务水平较低的地区发展可负担的、健康的餐饮店	• 与餐厅、零售商、政府及其他创新合作伙伴建立营养食品计划议程 • 面向城市和城郊农业的体制性配套机制 • 污水处理或城市和城郊农业整合 • 在低收入和服务水平较低的地区发展可负担的、健康的餐饮店 • 避免外卖食品店、快餐店、卖酒的商店和便利店在居民区、学校和年轻人使用的设施附近过度集中 • 对糖、苏打和脂肪成分进行管控 • 对学校和年轻人设施附近的快餐店的位置进行分区、管控	• 在新的住房和城市开发项目中整合城市和城郊农业项目发展 • 在学校推行高品质食物项目 • 在超市、小食品店和餐馆推行健康食品 • 激励地区内的农业企业提高产品中的营养水平

要使政策措施生效所需的其他领域的关键投入和政策：
- 开发健康政策和标准
- 开发教育政策和课程
- 强化饮用水、卫生和住房服务
- 传播政策（例如电视、广播等）
- 考虑社会和社区政策

6.4 S：可持续、有韧性的农业和粮食体系

每个粮食体系的功能，无论是生产、加工、包装、冷藏、运输、制作还是分配，都可以并且必须通过采用新的和改进的方法、创新和技术，来大大减少其碳足迹。不可持续的做法可能导致生物多样性和栖息地丧失，土壤侵蚀和退化，水、土壤和空气污染，以及自然或人为造成的资源浪费等有害影响。关于新技术的潜在激励措施和规定的可靠决策，需要关于食品碳足迹和技术评估的更详细信息，包括可行性和成本收益分析。食品上的碳标签和开展相应的教育可以为消费者提供市场权力来对更好的产品和生产过程进行决策。某些类型的以环境成本为基础的定价，包括环境成本和收益，是一种可行的选择。但所涉问题，特别是对贫困消费者的影响，必须得到妥善处理。

6.4.1 环境挑战和气候变化

与环境和气候变化有关的挑战是复杂的。但是，关于城市影响和受环境变化和气候变化影响的方式相对较少探讨。[306] 城市需要完善城市粮食体系来应对更加频繁的农业气候变化和相关的社会经济冲击，并可持续地管理极端天气现象带来的风险。尽管城市仅占全球土地面积的2%，但它们却占温室气体排放的70%。[307] 城市二氧化碳（CO_2）排放取决于地理位置、人口规模、密度、城市经济和居民消费方式等多种因素。温室气体排放发生在粮食体系的每个阶段，为了更好地估计粮食体系的排放，需要进行分类数据分析。[308]

城市地区受到气候变化的多重影响，包括气温升高、海平面上升、降雨多变性，以及更频繁、更严重的洪水、干旱、风暴和热浪。约有3.6亿城市居民居住在海拔不到10米的沿海地区，仅中国就有7 800万人。[309] 气候变化也加剧了城市热岛效应，即建筑物地区日均温度升高。这种影响导致对冷却能源需求增加，损害空气和水质，并使公共健康恶化。城市穷人经常受到干旱和洪水等极端天气事件以及一般气候变化的影响，因为他们通常生活在陡峭山坡、低洼沿海地区或排水不畅地区的非正规居住区中。据联合国人居署统计，在全球范围内有3 351个城市有此类地区，其中64%位于低收入国家。[310] 除了生活在脆弱性地区之外，城市贫民由于营养不良、健康状况差或者难以获得水和卫生设施而导致适应能力和应对能力较差，特别容易遭受自然灾害影响。[311]

在与短期和长期供应链以及电子商务相关的政策、法规和投资决策过程中，气候和环境影响是需要考虑的重要标准，也必须评估电子零售中的个性化交付模式对气候和拥堵的影响。公共、私营部门和民间社会的伙伴关系可以帮助制定适当的政策和法规，包括分区和开放时间、采购要求以及食品废弃物和环境标准。[312]

6.4.2 非线性的资源流动

粮食体系的"循环经济"、"闭环"生产以及农产品体系中良好的"食物－能源－水关系"为气候智能和创新解决方案提供了机遇（图6.2）。[313, 314] 全球城市地区面临着多种环境挑战，其中关键之一是资源流从线性模型到循环模型转变。传统农业倾向于依靠捕获和回收废物的做法，例如牲畜粪便、农作物残留物和废水，从而实现资源的"循环"流动。"闭环"农业（例如，在爱尔兰广泛采用的耕作模式）是一种更现代的形式，基于捕获和循环利用营养物和有机物，然后将其重新分配到土壤中以维持土壤中氮和碳水平的原理，以此作为可持续农业的基础。这些相同的原理可以应用于城市粮食体系。

许多现代城市的资源循环通常是更加线性的，其中垃圾、废水和污水被丢弃在垃圾填埋场和水体中，而不是被收集和再利用。[315] 中低收入国家城市的局部水源，例如地下水、城市排水沟、溪流或城市污水经常由居民集中的基本卫生服务和不受管制的工业废水而受到严重污染。[316] 由于城市和城市郊区的农民经常用未经处理的城市污水灌溉其植物，对农民和消费者的健康均构成威胁。[317]

工业和商业固体废物可能对环境和人类健康造成极大危害，会通过径流将有毒化学物质渗入到地表和地下水中。[318] 鉴于未来预计会发生的快速城市化、环境威胁和气候变化驱动的资源稀缺，农业和农业粮食体系将需要采用创新的方法和技术，以对废弃物进行有效地收集和再利用。

城市有机废物在处理后可用作堆肥，或用于生产、存储或加工功能的热能生产，以及灌溉废水的生产性再利用，可减少垃圾填埋场产生的甲烷排放量以及化肥生产中的能源使用量。[319] 堆肥有机废物使城市农民能够减少使用肥料，并防止与地下水污染有关的问题。通过雨水收集将雨水转移到城市农业系统是另一种有效的灌溉来源。[320] 因此，城市农业可以促进城市家庭和工业部门以及具有多重经济和环境效益的农业之间的协同和循环过程。[321] 欧盟在先进的循环经济情景下，所有净材料都可以重复使用，估计每年可以节省5 200亿～6 300亿美元。[322]

引导和激励循环或闭环城市经济的有利政策环境，将在实现粮食安全以及环境和资源可持续性方面发挥关键作用。重要的干预措施包括：在行为者和部门之间开发和传播用于城市废物再利用的知识产品和工具；基于参与性治理、成本收益分析和环境风险评估，在市级进行废物和废水综合管理；新的融资安排，如政府和社会资本合作项目；加强水质和废物处理方法。[323]

"食物–能源–水关系"是政府和其他行为者正在采取的另一种气候智能和创新方法（图6.3）。尽管长期以来城市粮食、能源和水一直被作为独立的领域进行研究和管理，但现在有一系列方法可以对它们在生态系统中的相互联系加以利用。[324] 当应用于特定情况和问题时，这种方法有助于理解并在粮食–能源–水系统之间的关键相互作用中权衡利弊，从资源利用和改善环境、社会和经济可持续性的机会方面评估技术计划和政策选择（插文6.8）。

实施这一关系（Nexus）评估需要许多利益相关者之间的协作，并以强有力的政治经济学为导向，以理解不同利益相关者的利益和制约因素。它有助于不同利益相关者了解创新的协作如何能够通过跨活动和跨部门来更好地利用资源。将关系方法应用于城市食品环境中，关系方法可以帮助市政当局和大都市区在每个地区中找到集聚服务（例如能源、水、食品加工）的机会，以最大程度地利用资源并提高可持续性。

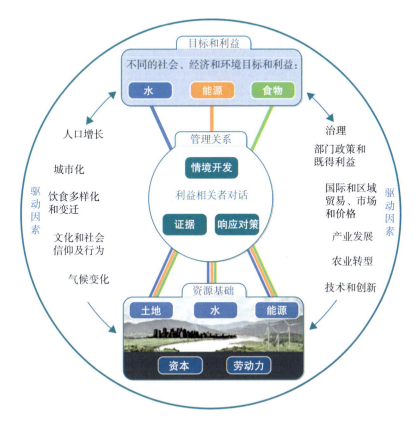

图6.3 食品−能源−水关系

资料来源：FAO. 食品−能源−水关系. 2017年6月1日. 查阅. http://www.fao.org/energy/water-foodenergy-nexus/en/.

插文6.8 爱尔兰的绿色起源计划

爱尔兰的绿色起源计划是可持续发展倡议的成功典范。在全球范围内，这是唯一的可持续发展计划，"在全国范围内通过爱尔兰食品委员会联合政府、私营部门和食品生产商"，并与爱尔兰的农民和生产商合作，制定并实现可衡量的可持续发展目标，从而降低对环境的影响，更有效地为当地社区服务，并保护爱尔兰的自然资源基础。

资料来源：绿色起源. 2016. 可持续报告. 2017年6月1日查阅. https://www.origingreen.ie/sustainabilityreport2016/.

6.4.3　闭环粮食体系所采取的实践

精心规划和执行的都市农业和农业粮食体系可以极大地促进环境健康和生物多样性保护，适应甚至减轻气候变化的风险和影响。社区农场或花园以及"循环经济"或"闭环"粮食体系实践等系统可以帮助清洁和绿化城市。例如，将空置或废弃的土地和清洁的棕色地带变成绿色空间，并对有机废物和污水进行安全重置，并为供应链的各个环节提供燃料。此外，城市和城郊农业还向消费者提供新鲜食品，从而降低运输、冷却或包装过程中的能源成本和温室气体排放。城市和城郊农业和城市林业通过调节温度，提高蒸散量和提供遮阳来改善城市小气候。[325]因此，可以减少城市热岛效应，并可以捕获灰尘和二氧化碳。[326]

作为高度管理的植物群落，城市农业系统可以表现出较高的生物多样性水平，并且生物多样性水平常常超过其他城市绿地区域。[327]在许多工业国家，农业土地被集中耕种，农业生物多样性因此急剧下降，城市地区和农业系统可以作为"生物多样性热点"。[328]在市区及其周边地区的开阔绿地中，粮食生产可与农业旅游或儿童生态教育等其他服务相结合，从而提高人们的生活质量和环保意识。[329]城市及其周围地区的果树和多用途树木种植园（例如柑橘）会吸收碳并提供薪柴、水果、花卉和其他产品，从而增强城市的粮食安全和生物多样性。[330]正如其他章节所讨论的那样，土地使用规划和管理、分区和产权是影响实施此类干预措施能力的关键问题。在未来的城市规划中确保一定程度的灵活性，对于发展未来的城市粮食体系和城市景观非常重要，特别是在未来几年提供这些公益投资所需的公共空间方面。

6.4.4　城市森林的兴起

城市森林在保护城市的自然资源基础和减轻气候变化的多种影响方面发挥关键作用。新的经验强调了森林在以下方面的积极作用，包括保护土地和水源、作为自然基础设施保护土壤和吸收雨水、通过创建绿色走廊保护生物多样性、防止山体滑坡、减轻极端天气的不利影响以及应对气候变化。[331]把植树作为一项战略除了可以过滤污染物和调节水流外，还可以将城市的平均气温降低$2 \sim 8$℃。[332]山坡或城市周边的绿化带种植园和城市林业，加上可持续实践，在保护园圃和基础设施免受风、水流和沙土侵蚀方面可以发挥至关重要的作用。[333]它们还为城市居民提供了有吸引力的生活环境和户外休闲需求。

许多城市都是绿色创新者，在城市空间中设计和实施独特的解决方案。其中包括意大利米兰的垂直森林，新加坡凉爽的温室和花园，菲律宾马尼拉在十字路口、铁路和老工业区建立了微型公园，以及拉丁美洲和中国的许多城市都建立了绿化带，包括城市外围的森林、农业和公共运动场所。其中许多投资对恢复环境和保护水系统至关重要。

中国已经开始在现有植被周围建立新的城镇[334]，并制定了一项国家森林城市计划，该计划将城市认定为国家森林城市，承认森林可以提高城市生活质量并吸引商业活动。

6.4.5　不同类型城市的指示性政策、投资、能力和知识干预

表6.4显示的是在不同类型的城市所采取的指示性的干预措施来支持第四个关键领域：可持续、有韧性的农业和粮食体系。政策、投资和能力增强的干预措施可能因城市类型而异。

表6.4　可持续、有韧性的农业和粮食体系：不同类型城市采取的指示性政策、投资、能力和知识干预措施

基础政策	C1：农业城市：以农业为基础的总人口小于100万的城市	C2：扩张中的二级城市，总人口介于100万～1 000万之间	C3：总人口超过1 000万的特大城市和城市群	Cn：食品智慧型城市：尚未成型的未来城市和社区
• 评估粮食体系的韧性、弱点和气候足迹 • 城市和城郊农业的土地利用和分区措施 • 森林保护政策和计划 • 排放审计和报告 • 污水处理或城市和城郊农业整合	• 可持续的土地利用计划和保护措施 • 资源回收 • 法规和激励政策，来刺激城市有机废物和废水回收，以及营养物和灌溉水的农业再利用	• 多用途的城市绿带 • 绿色可持续的城市治理（绿化产业链、降低温室气体排放） • 法规和激励政策，来刺激城市有机废物和废水回收，以及营养物和灌溉水的农业再利用 • 在城市食品生产、处理、分配、消费和食品废物管理的过程中降低温室气体排放	• 闭环粮食体系 • 绿色基础设施 • 规模化垃圾、水、能源效能提升措施 • 融合式绿色住房项目

要使政策措施生效所需的其他领域的关键投入和政策：
- 土地政策
- 能源政策
- 林业政策
- 强化卫生和饮水服务
- 危机应对

7

继续支持城市粮食体系

关键信息

- 在启动粮食体系议题工作、吸引不同客户、提供获得财政资源的各种机会，以及灵活性应对方面，有许多潜在的制度或方案切入点。
- 加强制度机制和激励措施对于实施协作方法和多部门计划和项目，以及组建由经验丰富的专业人员和实践者组成的关键群体至关重要。
- 未来的议程将包括：开发业务工具包；提供直接技术援助，以推进关键干预领域的工作；为城市和乡村从业者提供互相学习的机会，进而建立更扎实的经验知识库；以需求为导向的分析工作，以协助进行项目规划并加强咨询服务。
- 加强城市粮食问题参与度的时机已经成熟。与城市网络、经验丰富的技术合作伙伴以及不同私营部门和民间社会行为者建立多样化伙伴关系，可以帮助推进符合可持续发展目标和世界银行目标的，变革性的、务实的粮食体系议程。

　　未来如何养活不断增长的城市人口问题，超越了粮食和农业问题本身，并在以下四个方面给各市、区和国家政府带来了挑战：①如何促进包容性经济增长和青年人就业；②如何为改善公民营养和健康做出贡献；③越来越多的城市贫困人口将如何获得食物；④如何应对气候变化的多种表现形式，并增强面对日益增多的冲击和极端天气事件的韧性。

　　本报告提供了一种叙事方式和一系列新的证据，强调了未来粮食在城市、国家和全球对就业、人类健康、粮食安全和气候变化的重要性。首先，无论一个国家的经济发展和收入水平如何，食品和饮料行业都是世界上许多国家最大、最稳定的就业和增值制造业来源。农业粮食体系也是大多数国家最大的经济部门之一，为成千上万的中小型食品企业提供了市场，并为许多企业提供了服务业的工作机会。其次，大量医学研究结果表明，当前的食物消费趋势不利于人们健康。导致全球疾病负担的11大风险因素中有6个与饮食有关。第三，虽然经济增长导致中等收入群体增加，但城市化率上升和收入不平等加剧正在导致城市粮食不安全和城市贫困人口增长，因为对城市贫困人口来说，获取食物已是问题，还经常受到新的冲击的挑战。最后，农业和土地利用变化目前占全球温室气体排放量的30%，在不发生改变的情况下，预计将上升至全球温室气体排放量的70%，这主要是由多样化饮食和动物蛋白消费推动的，全世界在这方面的需求都在增加。加工食品和在家庭外饮食的消费不断增长，也增加了粮食体系的气候足迹。我们吃的食物并不是气候中立的。

有证据表明，当前的粮食体系对我们的生活既有积极影响，也有消极影响。这些证据也强调了解决以下关键问题的必要性：报酬更高的就业机会和更好的农业综合企业；粮食安全的可负担性和可获得性；营养、多样化、质优和安全的食物；可持续、有韧性的农业和粮食体系。总之，转型框架的成果领域代表了发展食品智能城市的基础，可以被视作实现减贫和共同繁荣目标的大门。实现这些目标将取决于一系列有利条件，其中最重要的是对机构进行改革，以解决城市的粮食问题。

作为最后一章，本章节简要回顾了报告的主要发现，讨论了如何在程序规划和优先级排序过程中使用转型框架，然后讨论了下一步的方向，包括：潜在的切入点；方案方式的选择和内容；潜在的金融工具；关于伙伴关系和机构变革的建议；最后，如何将数据、分析和知识整合到面向响应的阶段。

7.1　简要回顾

首先，这份报告从全球视角审视了形塑食品环境的趋势和驱动力，并确定了我们今天和明天面临的挑战，它也为未来的粮食体系提供了机遇和选择。一些驱动因素包括：

- 快速发展的城市，特别是在亚洲和非洲；
- 大量需要寻找工作的年轻人；
- 为所有收入水平的国家提供强大的食品加工增值和就业机会；
- 对土地、水和能源的竞争日益加剧；
- 随着中产阶级和城市贫困人口的增加，收入不平等现象加剧；
- 人们饮食方式多样化，食用加工食品和不在家里吃饭的频率更多；
- 饮食导致超重、肥胖和非传染性疾病（如糖尿病）的患病率上升，从而导致医疗保健费用上升；
- 越来越多的农业气候和社会经济冲击；
- 快速的技术变革提供了机会，但需要能力和支持性环境；
- 通过社交媒体上的即时信息流赋权，与众多民间社会利益相关者一起实现本土化发展。

本报告确定了粮食体系中三个相互重叠且快速演化的组成部分或者渠道：一个以城市批发市场、开放或传统零售市场以及小型独立（家庭经营）零售商店为特征的传统体系；通过非正规食品供应商、餐馆以及各种正规和非正规社会安全网来为城市贫困人口提供服务的非正规渠道；以现代化的批发和食品安全体系、资本密集型食品加工、集成冷链和食品服务公司、先进的物流、私营品牌、标签和包装以及现代零售和餐厅为特征的现代化渠道。

城市粮食体系面临的挑战是要加快现代化步伐，使消费者能够继续倾向于选择开放市场、小型零售商店、非正规供应商，并将现代零售和电子商务整合到购物体验中。需要加大投资、更新政策框架和进行机构重组，使当前的关键粮食体系功能更加现代化，并转变为更具竞争力和资源效率（温室气体排放量低）的功能。这些还包括批发体系、市场信息和情报、食品安全、冷链、运输和物流、加工和废物再利用。从农村生产地区采购粮食、依靠进口、发展城市和城郊农业可以加强粮食安全和抵御潜在冲击的能力。

本报告提出了一个初步的城市分类法，包括：人口不足100万的小城镇；拥有100万～1 000万人口的中等或二级城市；拥有超过1 000万人口的大城市和特大城市；以及未来城市和新社区。我们知道，粮食体系的结构和行为除了受粮食体系的具体特征（包括不同粮食子系统或销售渠道的相对重要性）影响以外，还受到城市规模和密度的巨大影响。随着知识库的改进，经过修订的、更加细致的分类将能够有助于针对城市的特定社会经济、人口和粮食体系特征来制定政策、计划和投资干预措施。

迄今为止，对城市粮食议程的大多数兴趣和政治驱动力都停留在各个城市层面，包括大都会地区的市长、市议会和民间社会行为者身上。鉴于城市的快速增长和扩张超越了传统的城市边界，以及城市周边地区和周边农村地区对城市粮食问题的重要性，因此在大都市一级进行决策（包括多个城市、城镇或郊区）将变得越来越重要。然而，尽管市政当局和地区当局可能会继续领导城市食物的相关工作，但是确定最适当的治理和干预水平（例如市政、都市区、国家、区域、全球）仍然是决策者在处理这些问题时所面临的重要议题。

正如转型框架中所述，在不断发展的城市粮食空间中，应对这些变化需要重大的制度转型、创造力和有利条件，以解决障碍和利益固化的问题。粮食问题主要由农业部门处理，侧重于农村生产问题。本报告强调了多个部门和行为者的重要作用和贡献。城市和大都市区政府可以发挥更大的作用，采取务实的解决问题的办法，利用必要的部门专业知识和其对城市食物干预措施的贡献，其中大多数是由私营部门和民间社会行为者实施。国家级部委可能需要进一步改革，以便更有效地推动新的市一级的议程。制度化的强有力的治理机制可以使利益相关者广泛参与相关措施的优先序确定、监督和问责，这是取得显著成果的关键。为了更好地突出各个部门和行为者在农业部门之外的成果领域可以发挥的作用和做出的贡献，附件8.1概述了指示性政策和行动要点，每个部门或行为者都可以利用这些政策和行动要点，在有利的政策环境下处理每个成果领域。然而，在许多行动中，必须强调公共、私营部门和民间社会行为者之间的协作和伙伴关系的重要性，因为每个利益相关者都为取得成果做出了必要的重要贡献。

我们提出了四个广泛的干预领域，作为一种定位未来粮食体系的方法，以实现相互关联的成果：

- 高薪酬的就业机会和更好的农业综合企业；
- 粮食安全的可负担性和可获得性；
- 营养、多样化、质优和安全的食物；
- 可持续、有韧性的农业和粮食体系。

第6章的干预措施中所列出的表格建议了一系列指示性行动，以解决广泛的城市食物领域中的问题。提出的措施既包括与大多数城市相关的基本干预措施，也包括针对特定类型城市（即城市分类法）的一系列指示性行动。考虑到该领域相对比较新，分析和证据基础薄弱，这些广泛的干预领域自然需要随着更多信息的收集、分析的深入以及政府和利益相关者意见的征集，加以完善和改进。基于经验驱动的更深入的城市、国家或区域分析，以及主要数据的收集对未来干预措施的设计和制定至关重要。

正如转型框架所阐明的那样，我们需要发展和强化未来的城市粮食体系，以在有利条件支持下，在四个相互关联的成果领域中取得成果。随着各国政府和不同利益相关者齐聚一堂，制订计划和优先行动，以解决特定问题并取得符合食品智慧城市愿景的转型框架成果，我们必须更加认识到解决问题往往有多个角度、切入点和机遇；一个问题的解决方案往往并不是只有一个高招、取决一个部门、一个计划或一级政府。问题的解决过程也不是线性的，不是一个"一个行动产生一个结果"的过程，在转型框架内，既定的干预措施可以促成多项结果的达成。

7.2 指示性政策和项目切入点

在发展城市食物计划的现阶段，在创建新的业务线和相应的工作计划之前，必须要保持一定程度的灵活性，以应对潜在的支持和援助要求，每种要求涉及不同切入点、计划重点和客户。

在现有干预措施和相互学习计划的支持下，已经具备处理各种粮食体系问题经验的城市网络开始更加重视向市政当局和大都市区提供技术援助。[335] 对不同政府决策者的需求和要求做出响应，是新方案制定的关键前提。任何倡议都需要明智决策者的强大而持续的领导，无论他们是充满活力的市长、市议会还是市级的民间社会组织。

表7.1列出了城市粮食体系启动工作可能涉及的机构或计划切入点。它描述各种类型的干预措施以及可能对引导这项工作感兴趣的主要客户。每个切

入点、计划或项目方法都将为动员和获取财务资源提供不同的机会。有关实施粮食体系工作的更多信息，请参见附件8.2。

表7.1 不同干预类型、主要客户（合作伙伴）条件下的城市食物政策切入点

干预措施类型	描述	机制性客户
城市食物计划	发展或增强城市粮食体系，最初的重点是体制、治理能力和公共财政	• 城市 • 民间社会
农村粮食或农业项目的城市相关部分	作为农业农村项目的一部分，升级以小型农业为基础的城镇的粮食体系，以加强市场准入和发展与生产相关的农用产业	• 农村小城镇和小城市 • 省政府
城市发展计划的食物部分	在新的或正在进行的城市发展计划中发展城市食物部分，重点放在食物机构和响应城市优先事项上	• 各个城市 • 民间社会
国家级食品政策项目	与国家级的机构合作开展分析和咨询工作，以审查和升级国家农业和粮食政策或国家粮食安全战略，并纳入城市粮食范围	• 农业部 • 食品安全秘书处 • 总理或者总统
农业项目	与农业部合作开发、加强城市食品成分，主要关注城市和城郊农业、水和环境	• 农业、环保、水利部 • 各个城市
私营项目	针对私营部门群体的重点制订计划和公私合作项目：中小企业、就业、技能、市场情报	• 食品工业群体 • 商会 • 公私合营项目
食品相关项目 • 食品安全 • 粮食损失与浪费 • 市场 • 营养 • 韧性 • 粮食安全 • 气候足迹	制定项目以解决拟干预领域内的特定优先事项（第6章）	• 各个城市 • 各个部委，包括农业、卫生、商务、畜牧、清洁、能源、气候、教育和内政部
部门主导的项目 • 营养的食物和健康 • 中小企业、食品企业家、就业 • 市场和交通 • 垃圾、水务、能源和城市市郊农业 • 难民 • 食物友好的住房项目	在其他领域进行项目开发，以解决与城市食物相关的特定问题（第6章）	• 各个城市 • 各个部委，包括卫生、商务、劳工、教育、交通、公共工程、环境、内务、社会事务、住建部

城市：类型学所界定的城市和大城市各个区

正如关于有利条件的讨论中所述，市政府最初可能会对建立或加强粮食体系干预措施的体制和治理架构感兴趣。这项初步工作将作为下一级综合城市食物计划的基础。城市也可能有兴趣将粮食体系视角或者计划要点纳入更大的城市发展计划中。在市政当局和大都市区政府牵头的情况下，可能有必要重新考虑支持这一新兴城市粮食议程所需的现有融资工具是否充分。

各国农业部或相关项目可能对以下方面感兴趣：①与城市相关的以市场准入或增值为中心的计划或项目，理论上会导致对以农业为导向的小城镇进行干预；②通过与环境和水利部合作，制订或加强城市和城郊生产计划。

不论是在农业部、粮食安全秘书处还是在更高政策水平的国家政府，都可能会希望提升国家粮食战略、政策和计划，这就需要援助，以将城市粮食内容有效地纳入新框架。

支持农产品中小企业、企业家精神或为城市干预措施提供资金的私营部门计划，为推动粮食体系议程提供了许多方法。除了在这些领域发起新的计划倡议之外，现有计划也有进一步提高的空间，无论是在城市发展计划中增加食物相关部分，还是通过将城市食物计划添加到现有农业项目中来。

最后，无论是针对特定食物还是从其他部门的角度出发，都有许多潜在的措施切入点。例如，关注超重、肥胖或微量营养素缺乏症的卫生领域计划可以将介绍的某些粮食体系干预措施整合到现有或新的计划或项目中。无论是哪个切入点、牵头机构或行为者，我们必须再次强调粮食体系问题的多部门性质以及不同部门投入的至关重要性。

尽管这些潜在的方案切入点不可避免地都将由主要客户视角、兴趣以及具体的计划或项目目标来决定，重要的是，转型框架中已阐释的相互关联的成果领域所提供的系统性视角，同样要在未来的工作中将其融入。

7.2.1 鼓励采取多部门方法

加强体制机制和奖励措施对于实施合作办法和多部门方案、项目至关重要。对于政府和支持它们的伙伴机构来说，这也是一个同样重要的问题，因为制度性激励措施和人力资源协议可以决定设计和实施多部门方法的可行性，以便解决与城市粮食体系有关的各种问题。在目前缺乏大量经验丰富的专业人员来解决这些问题的情况下，这个问题尤其重要。除了确定奖励专业人士进行多部门合作的激励措施外，政府和合作伙伴机构都需要开发创造性的方式（例如借调人员、私人和民间社会合作），以将来自不同背景的经验丰富的专业人士和从业人员引进项目中来，提高项目参与人员的活力、能力和经验水平。各种类型的伙伴关系也提供了从技术技能（例如建筑师）和不同观点（例如民间社会中城市贫困的组织者）中受益的机会。

由于本报告中确定的许多干预领域无疑都涉及不同观点和利益的争议性问题，因此，投入足够的时间来增强利益相关者的意识和知识水平，加强将利益相关者联系在一起的社会资本，并随后形成共同话语和远景共识，十分重要。发起参与性的、多方利益相关者活动，例如联合评估或制定以食物为基础的饮食指南或粮食体系的人力资源和技能发展计划，可以实现两个目标：阐明未来行动的目标和基础，并通过分享经验将人们团结在一起，形成维持该进程前进所需的联盟。

7.3 进程中的下一步

无论切入点的类型、干预程度（即市级、大都市级、国家级）或所涉及的部门、参与者或机制如何，未来粮食体系改革的议程都需要：①为推进关键干预领域的工作提供更直接的指导；②通过城市和乡村实践者之间的协商，进行更多的同行学习，从而形成更坚实的经验知识基础；③需求驱动的分析工作，以响应政策的优先事项。支持未来粮食体系干预的技术咨询服务、政策分析工作和投资项目设计都需要进一步的指导和更强的经验基础。从本文提供的大量例子中可以明显看出，未来的粮食体系工作需要一个分散的、经验性的知识议程来推动。在这个议程中，政策和计划实践者以及私营部门和民间社会的参与者将更加系统地为知识的创造和发展做出贡献，并可以利用创造的知识来推进他们的工作。

7.3.1 发展粮食体系的政策工具包

为实现这一目标，正在进行的工具包开发将有助于指导这些技术服务的实现。该工具包被构想成一个实时文档，它以现有知识为基础，定期更新，其模块以类似于路线图的结构来模拟知识产品的内容，尤其侧重于转型框架，而其他模块则覆盖了其他必需的诊断评估。在工具包的工具中，最重要的是城市食品评估方法，可协助政府和利益相关者进行初步粮食体系诊断。正在开发的第二个工具包括进行城市食物匮乏评估的工具，该工具将用于改善城市贫困和粮食安全状况。第三种工具由结果和指示性框架以及有关使用各种数据收集系统（包括大数据方法）来监控粮食体系干预措施的指南组成。另外，也需要安排和准备其他技术性更强的指导工具，如指示性粮食体系干预措施的成本核算和财务分析。在转型框架议题中，城市粮食体系的制度和治理维度模块需要基于其他城市经验。同样，这也将为其他框架方面提供类似于路线图的模块化指南。

7.3.2 从实践中学习和城市间交流

项目工作将需要一个知识议程来支持，该议程应由在粮食体系干预措施的设计和实施方面已取得领先的城市的经验学习来推动。了解城市和大都市区如何增强其有利条件并应对体制和治理挑战，是相互学习可以解决的重要问题。通过与充满活力的全球性城市间网络建立牢固的伙伴关系、南南合作框架及其技术合作伙伴，将有助于确保这种经验学习过程的连续性、连贯性和以需求驱动为重点。

尽管全球性的学习方法在指导这一议程早期阶段似乎是最适当的，但是对于区域方法而言，聚焦分析和了解其粮食体系的区域背景和特殊性也同样重要。由于同一区域内的国家，其政府机构和程序上可能拥有相似的制度文化，除了其粮食体系的结构和表现方式外，在区域一级解决这些问题可能是有利的。

与世界银行致力于解决的许多其他问题相反，城市食物几乎影响所有城市，无论贫富、大小。在分散的南南国家、南北国家和东西半球网络中加强信息流动、交流和相互学习，有可能加快有效干预措施，以及过程的设计和交付。

7.3.3 需求驱动的分析

尽管许多国家和城市希望以更加面向实际的方式获得技术支持、政策援助和投资，但从本报告中也可以明显看出，本报告中介绍的各种粮食体系缺乏数据、严格的分析和知识储备。推动城市粮食议程走向更加精细完善，需要更强有力的证据基础来设计和实施项目和行动计划。可以通过两方面的城市粮食数据、分析和知识议程来巩固这一基础并填补相应领域空白。该议程包括互补的短期和长期议程组成，这些长短期议程组成同时推动低风险、经证实有效的干预措施，并提供所需的更详细的信息、更复杂的政策和投资行动。通过这种方式，信息可以促进政策设计和实施，而不会为立即采取行动造成障碍。

短期数据和分析重点应集中在制定财务、技术和社会有效项目所需的内容上。例如，发展完善的城市园艺项目来生产消费者可负担且营养丰富的水果和蔬菜，需要更详细地了解关于不同生产系统的农艺、经济和资源足迹信息。当前可用的数据主要基于高收入国家的高资源能耗系统，世界其他地区则大部分都是零碎信息。

国家一级的中期分析工作还可以包括独立的空间粮食体系诊断、国家概况、纳入系统的国家诊断和国家方案拟订框架、对具体国家问题以及现有工作（如城市化审查、城市发展战略）的具体组成部分的影响评价。具体部门的工作也为纳入粮食维度提供了多种机会（例如，绿色城市、连接城市和城郊地区、市政发展、基础设施、土地市场、财政问题、城市贫困人口、粮食体系创新融资、空间粮食体系指标）。分析结果可用于加强各种咨询服务，如粮食体系课程开发和继续教育方法。

在城市和大都会一级的大多数干预措施生效之前，需要进行参与式城市食物评估，以便初步判断城市粮食体系、城市贫困和粮食安全问题以及与干预领域有关的其他因素；相关的政策工具正在准备中（7.3.1）。评估结果可以作为利益相关者对话、确定优先次序和计划的基础。与市政府、食品类中小型企业和主要的民间社会利益相关者进行集中讨论也可能有助于确定优先领域，以进行更详细的分析并制定指示性项目。在非正规的城市居住区中与利益相关者和民间社会进行类似的对话，可能有助于在这些优先领域中明确参与城市发展的方法和潜在行动。

对有前景的城市食品干预措施进行快速影响评估，可以提供关于项目技术、成本更精确的数量和质量信息以及能够见效的、可复制和推广的有效的机制安排和能力支持。提供相对简单的方法指南、培训支持和同行评审，可以通过众包影响评估推动快速建立经过科学验证的证据库。通过使用社交媒体和涉及城市、私营部门、民间团体和学术界的远程学习，以及方案设计和交付方面的需求驱动的能力建设（7.3.2），也可以促进同行相互学习。

在兴趣和承诺高涨的问题上建立合作分析伙伴关系，例如关于营养和健康粮食体系的食品政策、关注食品领域的社会保护计划、城乡改造以及城市分区等领域，为以行动为导向的政策研究提供巨大的潜力，这些都会转向计划或项目开发。使用众包方法和公众科学也为基于实践的包容性方法提供了机会。将城市食品纳入其他领域政策和投资（例如，运输和卫生基础设施、城市适应力、健康、教育），有利于确定共同行动的机会和切入点。该策略也需要明确其他部门当前和未来计划采取的措施，以便发现将城市粮食优先行动纳入这些进程的机会。

本次对未来粮食体系的回顾也提出了几个问题，这些问题的答案目前还不清楚。利益相关者之间进一步的反思及更详细的分析和讨论可能有助于确定可用的政策、规划和投资选项来解决这些问题：

- 除了生产不健康的加工和包装食品之外，粮食体系如何创造营养和气候友好型附加值？
- 大多数新技术会导致失业，还是会促进社会包容性和粮食体系现代化？
- 劳动密集型食品价值链能否充分提高生产率，以与资本密集型的全球竞争对手竞争？
- 让食品定价体现长期气候和资源使用的外部性的最有效政策选择是什么？

- 政府如何平衡对新技术适当研发的激励需求和充分监管?
- 在考虑规模经济、更强的抗冲击能力、城乡地区共享繁荣以及营养和气候足迹时,短期价值链和长期价值链的恰当政策组合是什么?
- 各国如何才能最有效地减少可负担得起的不健康食品的供应,而不影响城市穷人的粮食安全?
- 知识和意识能在多大程度上导致消费者食品偏好的变化,从而减少对营养不良、高度加工食品的需求?

7.4 全球领导和与城市议程的对接

加强公众在城市粮食问题上参与的时机已经成熟。国际社会已做好充分准备,可以将城市视角纳入正在进行的食品讨论和干预措施中,因为它将《联合国2030年可持续发展议程》中第二项关于食品和营养重点,与可持续发展目标第十一项侧重于城市的内容相结合。可持续发展目标、缔约方气候变化大会、第二届国际营养会议和联合国住房和可持续发展会议为干预措施提供了有利的全球背景和总体成果框架。与城乡转型(全球捐助者平台和世界粮食安全委员会)、具备发展韧性和智慧的城市、移民和居民被迫流离失所有关的全球工作流只是城市粮食体系工作的一些潜在领域。米兰城市粮食政策公约、C40城市网络以及国际地方环境倡议理事会 (ICLEI)-RUAF基金会城市食品网络是由各个市级政府领导的一些新兴城市食品平台。

咨询服务、需求驱动的分析工作和投资项目设计,加上全球粮食体系伙伴关系基金的建立,可以助推这一领域的工作计划。基于城市间相互学习、知识和能力发展机制及技术援助为基础的全球知识交流分享,可以与这些网络及其技术伙伴一起建立和加强现有体系。这一机制将促进知识管理、学习、衡量和评价,以及技术咨询服务和投资项目开发有关的伙伴间沟通和专家小组支持。它可以作为不同主题干预领域(如治理能力、城市市郊农业、社会保障)中需求驱动分析议程的交流中心和协调实体。更加开放的举措和大数据可以在现有标准住户调查(如加工食品消费)、商业环境评估调查或政策监测评估(粮食体系治理)中,为现有数据系统注入强化的粮食体系组成部分。全球食物指导机制可以帮助初创和成熟的食品企业获得急需的专门知识和技术援助。伙伴关系方法确保了连续性,有助于获得现有技术专长和经验丰富的从业人员,并使这一过程更加关注客户的需求和优先事项。

世界银行在这一广泛的工作领域中加强参与,符合其消除极端贫困和促进共同繁荣的双重目标。它还提供了一个贯穿世界银行可持续发展副行长的全球实践工作的统一主题。它同样是立足于"农业全球实践"的优先事项:农村生计和农业、气候智能型农业、价值链和农业企业、对食品质量和营养敏感投资，使城市与完善的农村规划相辅相成。它解决了世界银行城市发展和弹性议程中日益重要的方面。该报告始终强调与城市粮食有关的各种政策和投资的多部门性质和互补性。例如，没有高效的交通基础设施、固定的能源供应、卫生体系、有效的公私合作和多方利益相关者的参与，就不能有效地完成城市食品批发市场的现代化。

要解决在2050年为70亿城市居民提供食物这一议题，下一阶段加强与之相关的各种参与者之间的伙伴关系和联盟同样至关重要。要充分利用利益相关者高涨的参与热情、增加的知识储备和不断提升的地方专业知识，为他们的持续参与和领导力提供空间，这将有助于推进一个变革性的、务实的城市食物议程，以支持更可持续和更具韧性，更可负担和更易获得，更安全、更有营养和包容性的粮食体系。

结语——洛拉：指引埃利穆迪纳食物的未来

© Mark Stevens/Flickr. 重复使用所需的进一步许可。

对于洛拉来说，食物和回忆是密不可分的。某种味道、气味或只是食物的外观都会唤起人们对家庭用餐、庆祝活动或特殊时刻的幻想。她的生活围绕着食物来展开。她喜欢与朋友和家人一起用餐，并为伸出手来喂饱饥肠辘辘的他们而感到快乐。她坚信，为别人提供食物是一种将人凝聚在一起的基本本能行为。洛拉在埃利穆迪纳的低收入、非正规居住区中长大，她与她的母亲和祖父住在一起，他们都是非正规食品供应商，从小到大洛拉每天都能感受食物凝聚人心的力量。

考虑到家族生意，她理所当然地选择了食品科学作为她的大学专业。

为了获得学位，她需要在四年的学习中设计和实施与食品相关的项目。洛拉从她的社区中汲取灵感，设计了一个项目来帮助正规、非正规食品行业的供应商，这些供应商在质量控制、税收和卫生方面面临当局的不断骚扰。

通过参与和共同创建方法，洛拉的第一步是动员埃利穆迪纳的食品供应商成立埃利穆迪纳食品供应商协会（EFVA）。协会成员同意就一系列优先事项和干预措施对政府进行游说。他们成功地与私营部门开发商和主要政客建立了联盟，以推动政府认可其为重要的经济团体，尤其是考虑到埃利穆迪纳邦的大多数低收入人群都从他们那里购买食品。

该联盟促成了城市变化（Urban Chop）美食广场的建立，这是一个有顶棚的室外美食广场，拥有供应商空间、公共座位、无人机送餐垫、安全装置，并能够从其独立的、废物再利用的能源和闭环水单元获得清洁水和可再生能源。莲花花卉应用公司（Lotus Flower Applications Inc.）的捐赠使供应商可以使用具有超疏水涂层的纤维素自清洁餐具，可以像荷叶一样驱除污垢，不再需要洗涤。私营企业安装了自组装太阳能膜，为供应商提供收费的冷链存储。机器人和无人机向附近的公寓交付食物订单。洛拉还与非政府组织和食品安全机构合作，使用 Urban Chop 的集成点播和第三代全息电视技术为供应商组织了食品卫生培训和食品安全认证。

洛拉以优异的成绩毕业，并成为 EFVA 的总裁。有了学位，她可以着手应对社区面临的更严峻的营养挑战。她动员了顶级厨师、电视主持人和当地的足球明星，在现场和虚拟活动中倡导营养、安全、当地美食。EFVA 甚至赞助了自己的男子和女子球队。洛拉与三个生物农村社区建立了合作伙伴关系，在整个价值链中采用生态、零浪费的方法为埃利穆迪纳供应商提供消费者所需的优质食品。供应商在17:00之前通过全息食品链接订购并付款，以便生产者可以收获并运送到埃利穆迪纳，并在第二天早上04:00之前到达。人们开始更加欣赏当地美食，曾经广受欢迎的进口鸡肉和米饭现在很难买到，人们也完全不怀念这几样食物。

洛拉抓住这个机会参加了市长竞选，以进一步为她的社区服务，她以环保、安全、营养的食品和就业为竞选平台，并成功当选。她的旗舰计划是与大学、企业和民间社会合作创建食品研究所。食品研究所的座右铭是"用生物学来满足需求和创造更好生活的机会"，它为粮食体系的所有参与者提供正式和非正式的培训。该研究所专门从事生物科学培训，以解决粮食体系的挑战，设计食品和农业应用，开发创造就业机会的食品技术。这是一门颇受欢迎、颇受好评的食品技术伦理课程，培训学生分析在使用纳米材料和分子育种等新兴食品技术时的多重权衡，寻求包容性经济增长、就业创造、食品安全和生态之间的平衡。

8

附　件

8.1 多方利益相关者可以用来处理每个成果领域的指示性政策和行动要点

公共部门：按成果领域分列的指示性政策、投资和知识干预措施

		各级政府的职责	高薪酬的就业机会和更好的农业综合企业	粮食安全的可负担性和可获得性	营养、多样化、质优和安全的食物	可持续、有韧性的农业和粮食体系
变革性机构	国家		制定非正式部门政策部委向市政府的支持机制；私营、公共、学术界粮食体系关于技术、课程的伙伴关系	粮食安全干预措施纳入贫民区发展计划	制定具有过程、规范和标准的食品安全机构和管理体系 支持政府部门对营养食品的敏感性	在政府机构中使粮食体系制度化
	城市和大都市区		明确与粮食体系有关的管辖权 支持当地生产或从小农那里采购 私人、公共食品企业、企业家指导机构	食物市场的公共、私人管理 功能性粮食损失与浪费代理商 加工园区等的私人/公共结构	增强当地粮食安全机构的能力、程序和实验室 学校、军队、私人餐馆等中的营养食物计划	土地管理中的食物敏感性
便利和促进政策	国家		市场、贸易和采购便利化政策 消除当地食物进入和推广的监管障碍	市场竞争价格政策 粮食损失和浪费标准和法规	食物政策、营养计划和审查 饮食指南和营养标准 糖、盐、脂肪法规	城市农业土地利用
	城市和大都市区		研究改善权属安全、当局认可、保护免受驱逐或排斥的方法 创新激励和法规 非正规部门法规 食品小微企业的劳工法规	农业食品加工园区 生产联盟 批发、零售食品市场法规	优质食品机构采购 在城市建筑，学校、社区中心，护理中心和医院中推广健康食品	将粮食体系要素纳入土地使用计划和分区法规 森林政策与计划

	各级政府的职责	高薪酬的就业机会和更好的农业综合企业	粮食安全的可负担性和可获得性	营养、多样化、质优和安全的食物	可持续、有韧性的农业和粮食体系
开放的数据、知识和案例证据库	国家	粮食体系数据和指标 消费食品需求市场情报	食物可及性和可负担性数据的收集和监测	食品安全管理体系与审计 城市和城郊农业支持设施	温室气体排放审计和报告 粮食体系韧性、脆弱性和气候足迹评估
	城市和大都市区	提供和支持农业综合企业交易会 市场指数与信息共享 就业信息 为进入农业综合企业的妇女和青年提供知识分享和技能培训 粮食体系数据和指标生成	供应链粮食损失与浪费评估、计划和支持设施 粮食损失与浪费会计和报告 食物市场信息	园艺研究	
有效的公共和私人融资渠道	国家	本地和区域食物的政府采购 明智的财政政策	现代化的食物市场基础设施和冷链基础设施 食物市场和加工基础设施的私人–公共联合融资	与中小企业合作作为融资伙伴 提供公共种子基金	绿色基础设施发展
	城市和大都市区	多城市联合融资激励创业企业 公共种子基金 城市和城郊农业融资 食品中小企业融资伙伴		营养食物计划的多城市联合融资激励措施	综合绿色住宅开发 供应链的绿色化综合基础设施 都市农业融资
多方参与的治理机制和能力	国家		为城市贫民和粮食无保障者提供创新的以粮食为基础的社会保护方案 城市贫民区食物改善委员会	国家营养食物伙伴关系 公民科学计划 与其他利益相关者共同制定营养食品方案	可持续土地利用规划与保护 本地社区土地使用委员会
	城市和大都市区	非正规部门食物工作者协会 食品中小微企业产业集团 私营部门/民间社会参与食物相关课程	供应链参与者的能力建设 私营部门和民间社会粮食损失与浪费委员会		

注：干预措施可能因国家和城市而异，在不同情况下是重叠或相互关联的。

私营部门：按成果领域分列的指示性政策、投资和知识干预措施
（许多与公共和民间社会参与者有联系）

	高薪酬的就业机会和更好的农业综合企业	粮食安全的可负担性和可获得性	营养、多样化、质优和安全的食物	可持续、有韧性的农业和粮食系统
变革性机构	重点关注当地制造商、食品加工和采购、街头摊贩 食品企业导师计划 食物创新支持实验室	便利实惠的杂货店、当地食品市场、街头小贩 包容性食物市场委员会	食品安全证书 支持营养食品生产	支持所有食物相关部门减少温室气体排放 食品产业集体减少温室气体排放 空地用于城市农业
便利和促进政策	城市和城郊农业的创新 现代化的农业综合企业 粮食体系工作的实习、政策和招聘	农业食品加工园区 生产联盟 在超级市场，小型杂货店和餐馆推广提供健康食品	餐馆饮食指南刺激该地区的农业企业提高其提供食物的营养质量	城市技术 替代粮食体系的创新模式
开放的数据、知识和案例证据库	对实时粮食体系数据的投资 支持农业综合企业交晚会 员工技能发展和（再）培训 面向青年和妇女的企业孵化器	供应链粮食损失与浪费评估、计划和支持设施 粮食损失与浪费会计和报告	食品安全管理系统和审计	支持减少与食物生产、加工、分配、消费和食品废物管理有关的温室气体排放
有效的公共和私人融资渠道	创业企业民间融资 与食品中小企业合作作为融资伙伴	现代化的食品市场基础设施，包括冷链设施	食品中小企业融资伙伴 明智的财政政策 多城市联合资助营养食品计划	绿色基础设施 综合绿色住宅开发 供应链的绿色化
多方参与的治理机制和能力	发展接近生产的农业产业	供应链行动者、粮食损失与浪费团体、包容性市场参与者的能力建设	与其他利益相关者一起制定营养食物计划	多用途城市绿化带

民间社会：按成果领域分列的指示性政策、投资和知识干预措施
（许多与公共和民间社会参与者有联系）

	高薪酬的就业机会和更好的农业综合企业	粮食安全的可负担性和可获得性	营养、多样化、质优和安全的食物	可持续、有韧性的农业和粮食系统
变革性机构	发展粮食政策委员会，为食物链参与者和政府提供咨询服务	竞争市场和平价食物的食物价格监督	倡导食品安全标准和规范	建立由社区支持的气候智能型农业
便利和促进政策	参与政策制定和决策过程 为非正规部门的能力建设游说 倡导创新的社会保护以提高技能	倡导在低收入和服务不足地区提供负担得起的健康食品店 向处境危险的家庭和个人提供援助，以补充其食物消费需求	在餐厅倡导以食物为基础的饮食指南 防止学校附近快餐过度集中 食品安全监督 支持食物银行与社会保护 支持学校的营养教育	支持闭环资源系统的政策、投资和能力，包括对城市有机废物和废水中养分和灌溉水的回收和农业再利用
开放的数据、知识和案例证据库	为妇女和青年提供孵化器和技能培训 公众科学倡议	倡导供应链，粮食损失与浪费评估、计划和支持设施，粮食损失与浪费会计、报告	食品安全和标准意识提升	倡导排放审计和报告以及粮食体系韧性评估和气候足迹评估
有效的公共和私人融资渠道	倡导和游说为城市粮食体系举措提供公共和私人资金	倡导和游说为城市食物市场基础设施提供公共和私人融资 预算问责制监督	在营养食品方案中与食品中小企业合作 倡导公共与私人融资支持营养食品	推进绿色基础设施建设 绿色住宅综合开发 供应链计划的绿色化
多方参与的治理机制和能力	游说承认非正规部门的工作权利	游说小的行动者进入零售和批发市场 支持与食物损失与浪费相关的广泛的社区动员活动	与其他利益相关方就营养食品计划进行合作 社区营养食品动员	多用途城市绿化带的推广和参与

8.2 指示性项目运作（表7.1的补充）

工具	分析工作	技术援助	项目	计划	其他
全球	• 粮食体系工具包（转型框架路线图、城市食物评估方法、城市食物贫困评估、结果和指标框架、粮食体系干预措施的成本和财务分析） • 短期粮食体系数据和分析			• 全球粮食体系伙伴关系促进 • 开放和大数据组件 • 指导协调	• 体验式学习和城市间交流
特定国家	• 审查和升级国家食物政策或粮食安全战略以纳入城市食物层面 • 国家一级的中期分析工作（独立的空间粮食体系诊断，纳入系统的国家诊断、国家概况，对具体国家问题的影响评价） • 现有活动中的具体国家组成部分（如城市化审查、城市发展战略） • 包括食物层面的具体部门工作（如，绿色城市，连接城市和近郊地区，基础设施、土地市场、财政问题、城市贫困人口、粮食体系创新融资、空间粮食体系指标） • 加强多样化的咨询服务，如粮食体系课程开发和继续教育方法 • 城市食物评估 • 快速影响评估 • 协作式分析伙伴关系	• 升级国家粮食安全战略，政策和计划	• 升级以农业为基础的小城镇的粮食体系，作为加强市场准入和发展农业产业的农村农业项目目的一部分 • 城市和城郊农业，水与环境 • 食品类项目：粮食安全，市场，粮食损失与浪费，营养，韧性，食品安全 • 部门主导的项目：营养食品和保健，中小企业或食品企业家或就业、市场和运输，废物、水，能源和UPA，流离失所者，食物友好型住房	• 城市粮食体系计划或更大的城市发展计划的组成部分 • 支持中小企业、企业家精神或城市干预提供资金的私营部门计划 • 卫生部门计划（肥胖，营养缺乏） • 城市食物部分侧重公共财政、治理和公共机构、私营部门侧重于中小企业、工作、技能、市场情报	• 环绕式安排（在专业人员中） • 市场准入或增值 • 加强城市和城郊生产计划

参考文献

1. **Oehmke, James F, Anwar Naseem, Jock Anderson and Carl Pray.** 2016. Comtemporary African structural transformation: An empirical assessment. Food and Agriculture of the United Nations. Accessed June 30, 2017. http:// www.fao.org/3/a-bp141e.pdf.

2. **UN DESA Department of Economic and Social Affairs.** World's population increasingly urban with more than half living in urban areas. World Urbanization Prospects. Accessed July 10, 2017. http://www.un.org/en/development/desa/news/population/world-urbanization-prospects-2014.html.

3. **United Nations.** 2014. World Urbanization Prospects: The 2014 Revision. Accessed July 10, 2017. https://esa.un.org/unpd/wup/publications/files/ wup2014-highlights.Pdf..

4. **UN Habitat.** Slum Almanac 2015/2016. Accessed June 30, 2017. https:// unhabitat.org/wp-content/uploads/2016/02-old/Slum%20Almanac%20 2015-2016_EN.pdf.

5. **ILO (International Labor Organization).** 2015. Decent and productive work in agriculture. Accessed June 30, 2016. http://www.ilo.org/wcmsp5/groups/public/---ed_emp/---emp_policy/ documents/publication/wcms_437173.pdf.

6. **UN Sustainable Development Goals.** 2015. Accessed June 30, 2016. http://www.un.org/ sustainabledevelopment/sustainable-development-goals/.

7. **Fonseca Jorge M, Domonkos Oze and Ana Puhac.** 2016. Boosting the development of sustainable food systems and postharvest supply chains for feeding cities: Evidence for assessment of interventions in the Global South. Working paper. Food Systems for Cities. Food and Agriculture Organization of the United Nations; Meerman, Janice and Rosa Rolle. 2016. Nutrition, health, and consumer dietary behavior in cities: Current trends and entry points for programmatic action. Background paper for a knowledge product on urban agriculture. FAO World Bank Cooperative Program; Taguchi, Makiko, Caroline Ledant and Jia Ni. 2017. Urban innovative production component for the World Bank Urban Agriculture Knowledge Product. Background paper for a knowledge product on urban agriculture.

8. **Bloom, David E.** 2016. Demographic upheaval. Finance & Development. International Monetary Fund; IMF (International Monetary Fund). 2016. The big squeeze: Global population pressures. Accessed July 21, 2017. https://www.imf.org/external/pubs/ft/fandd/2016/03/pdf/ fd0316.pdf.

9. **United Nations.** World Urbanization Prospects.

10. **United Nations.** 2012. World Urbanization Prospects: The 2011 Revision. Retrieved from http://www.un.org/en/development/desa/population/publica-tions/pdf/urbanization/WUP2011_Report.pdf.

11. Bloom, Demographic upheaval.

12. **World Health Organization.** 2015. Ageing and health, Accessed July 13, 2017. http://www.who.int/mediacentre/factsheets/fs404/en/.

13. **Roberts, Brian H.** 2014. Managing systems of secondary cities. Policy Reponses in International; Angel, Shlomo, Alejandro M. Blei, Daniel L. Civco, and Jason Parent. 2012. Atlas of urban expansion. Cambridge, MA: Lincoln Institute of Land Policy; The World Bank. 2016. 6C Central America Urbanization Review: Making Cities Work for Central America. Accessed July 23, 2017. http://documents.worldbank.org/curated/en/134151467994680764/6C-Central-America-urbanization-review-making-cities-work-for-Central-America; Angel, Shlomo, Stephen C. Sheppard, Daniel L. Civco, Robert Buckley, Anna Chabaeva, Lucy Gitlin, Alison Kraley, Jason Parent, and Micah Perlin. 2005. The dynamics of global urban expansion. The World Bank. Accessed May 20, 2017. http://documents.worldbank.org/curated/en/138671468161635731/pdf/ 355630Global0urban0sept20 0501PUBLIC1.pdf.

14. **Ellis, Peter and Mark Roberts.** 2016. Leveraging urbanization in South Asia: Managing spatial transformation for prosperity and livability. Accessed July 23, 2017. http://www.worldbank.org/en/region/sar/publication/leveraging-urbanization-south-asia-managing-spacial-transformation-prosperity-livability; UN Habitat. 2016. Slum Almanac 2015–2016: Tracking improvement in the lives of slum dwellers. Accessed May 20, 2017. https://unhabitat.org/ wp-content/.../02.../Slum%20Almanac%202015-2016_EN.pdf.

15. **WHO (World Health Organization).** 2016. Global report on urban health. Accessed May 20, 2017. http://www.who.int/kobe_centre/measuring/urban-global-report/ugr_full_report.pdf.

16. **IFPRI (International Food Policy Research Institute).** 2017.Global food policy report. International Food Policy Research Institute. Washington, DC: International Food Policy Research Institute. Accessed May 20, 2017. https:// doi.org.10.2499/9780896292529.

17. **The World Bank.** 2009. Scale economies and agglomeration. Accessed May 20, 2017. http://siteresources.worldbank.org/INTWDR2009/Resources/ 4231006-1225840759068/WDR09_10_Ch04web.pdf; Sri Mulyani Indrawati. 2014. China's New urbanization needs to be inclusive and sustainable. Accessed May 20, 2017. http://www.huffingtonpost.com/sri-mulyani-indrawati/china-urbanization_b_5035433.html; Om Prakash Mathur. 2013. Urban poverty in Asia. Study prepared for the Asian Development Bank; The World Bank. 2014. Speech by World Bank managing director and COO Sri Mulyani Indrawati at the U.S.-ASEAN

Business Council. Retrieved from: Speech by World Bank Managing Director and COO Sri Mulyani Indrawati at the U.S.-ASEAN Business Council.

18. **Ravallion, Martin.** 2007. Urban poverty. Finance & Development, 44(03). Accessed May 20, 2017. http://www.imf.org/external/pubs/ft/fandd/2007/09/ ravalli.htm.

19. 基尼系数是衡量收入差距的指标。当人与人之间收入完全平等，没有任何差异，基尼系数为0；当一个人占有全部收入时，基尼系数为1。

20. **Haggblade, Steven, Peter Hazell and Thomas Reardon.** 2007. Strategies for stimulating equitable growth in the rural nonfarm economy. Transforming the rural nonfarm economy: Opportunities and threats in the developing world, 396; Christiaensen, L., Weerdt, J., and Todo, Y. 2013. Urbanization and poverty reduction: The Role of rural diversification and secondary towns. Agricultural Economics, 44(4–5), 435–447.

21. **Ortiz, Isabel, and Matthew Cummins.** 2012. When the global crisis and youth bulge collide. UNICEF. Accessed May 20, 2017. https://www.unicef.org/social-policy/files/Global_Crisis_ and_Youth_Bulge_-_FINAL.pdf.

22. **The World Bank.** 2015. Competitive cities for jobs and growth. Accessed May 20, 2017. https://olc.worldbank.org/sites/default/files/Competitive-Cities-for-Jobs-and-Growth.pdf.

23. **UNIDO.** 2013. Industrial Development Report. Sustaining employment growth: The role of manufacturing and structural change. Accessed May 20, 2017. https://www.unido.org/ fileadmin/user_media/Research_and_Statistics/ UNIDO_IDR_2013_main_report.pdf.

24. **Haraguchi, Nobuya.** 2016. Patterns of structural change and manufacturing development. Routledge Handbooks Online.

25. **Allen, Andrea, Julie Howard, Amy Jamison, Thomas Jayne, J. Snyder, David Tschirley, and Kwame Felix Yeboah.** 2016. Agrifood youth employment and engagement study policy brief. Accessed May 20, 2017. http://www.isp.msu. edu/files/6014/7248/3804/AgYees_Policy_ Brief_FINAL.pdf.

26. **Tschirley, David, Thomas Reardon, Michael Dolislager, and Jason Snyder.** 2015. The rise of a middle class in East and Southern Africa: Implications for food system transformation. Journal of International Development, 27(5): 628–646.

27. Ibid.

28. **Pansing, C., A. Wasserman, J. Fisk, M. Muldoon, S. Kiraly, and T. Benjamin.** 2013. North American food sector, part one: Program scan and literature review. Wallace Center at Winrock International, Arlington, VA.

29. **Masi, Brad, Leslie Schaller, and Michael Shuman.** 2010. The 25% shift: The benefits of food localization for northeast ohio & how to realize them. Accessed June 1, 2017. http://www. neofoodweb. org/sites/default/files/resources/the-25shift-foodlocalizationintheNEOregion.pdf.

30. **FAO (Food and Agriculture of the United Nations).** 2017. The future of food and agriculture — Trends and challenges. Rome. Urbanization and Rural Transformation Implications for Food Security and Nutrition. (2016, March 14). Accessed June 1, 2017. http://www.fao.org/fsnforum/sites/default/files/files/126_Urban_Rural_Transformation/UrbRurZeroDraft.pdf.

31. **Dong, Fengxia. and Frank Fuller.** 2010. Dietary structural change in China's cities: Empirical fact or urban legend? Canadian Journal of Agricultural Economics/Revue canadienne d'agroeconomie, 58: 73–91.

32. **Anand, Sonia S, Corinna Hawkes, Russell J. de Souza, Andrew Mente, Mahshid Dehghan, Rachel Nugent, Michael A. Zulyniak et al.** 2015. Food consumption and its impact on cardiovascular disease: Importance of solutions focused on the globalized food system: A report from the workshop convened by the World Heart Federation. Journal of the American College of Cardiology, 66(14):1590–1614; Euromonitor. 2015; Gelhar, Mark. and Anita Regmi. 2005. Factors shaping global food markets. In: Regmi, A. and Gelhar, M. (eds). New directions in global food markets, 5–17; Gibbon, Peter, and Stefano Ponte. Trading down: Africa, value chains, and the global economy. Temple University Press, 2005.

33. **Tschirley et al.,** Rise of a middle class; **Lançon, F., & Wade, I.** 2016. Urbanisation, changing tastes and rural transformation in West Africa.

34. **Tschirley et al.** Rise of a middle class.

35. **Ali, Jabir, Sanjeev Kapoor, and Janakiraman Moorthy.** 2010. Buying behavior of consumers for food products in an emerging economy. British Food Journal, 112(2), 109–124; Neilson. 2015. We are what we eat: Healthy eating trends around the world. Accessed June 2, 2017. https://www.nielsen.com/ content/dam/nielsenglobal/eu/nielseninsights/pdfs/Nielsen%20 Global%20 Health%20and%20Wellness%20Report%20-%20January%202015.pdf; Nilson.2010. Global trends in healthy eating. Accessed June 2, 2017. http:// www.nielsen.com/us/en/insights/news/2010/global-trends-in-healthy-eat-ing.html; McKinsey & Company. 2015. Perspectives on retail and consumer goods. Accessed June 2, 2017. http://www.mckinsey.com/industries/retail/ our-insights/perspectives-number-4; Woolverton, A. E., & Frimpong, S. 2013. Consumer demand for domestic and imported broiler meat in urban Ghana: Bringing non-price effects into the equation. British Journal of Marketing Studies, 1(3): 16–31; Dong et al., Dietary structural change.

36. **Ali et al.** Buying behavior.

37. **Anand, Food consumption; Moodie, Rob, David Stuckler, Carlos Monteiro, Nick Sheron, Bruce Neal, Thaksaphon Thamarangsi, Paul Lincoln, Sally Casswell, and Lancet NCD Action Group.** 2013. Profits and pandemics: prevention of harmful effects of tobacco, alcohol, and ultra-processed food and drink industries. The Lancet, 381(9867): 670–679; Stuckler, D.,

& Nestle, M. 2012. Big food, food systems, and global health. PLoS medicine, 9(6): e1001242.

38. **Monteiro, C. A., Moubarac, J.-C., Cannon, G., Ng, S. W. and Popkin, B.** 2013. Ultra-processed products are becoming dominant in the global food system. Obes Rev, 14: 21–28. doi:10.1111/obr.12107.

39. **Allen et al.** Agrifood youth employment.

40. **Allen et al.** Agrifood youth employment.

41. **Institute for Health Metrics and Evaluation.** 2013. The global burden of disease: Generating evidence, guiding policy. Seattle, WA: IHME; World Cancer Research Fund International. 2010. Preventable and attributable global burden of cancer due to excess body mass index in adults. Accessed June 2, 2017. http:// www.wcrf.org/int/research-we-fund/what-we-re-funding/ preventable-and-attributable-global-burden-cancer-due-excess.

42. **Anand et al.** Food consumption.

43. **Reddy, K. S.** 2002. Cardiovascular diseases in the developing countries: dimensions, determinants, dynamics and directions for public health action. Public Health Nutrition, 5(1a): 231–237; Ibid.

44. **Scott, P.** 2016. Food systems and diets: facing the challenges of the 21st century. Global Panel on Agriculture and Food Systems for Nutrition. doi:10.1007/s12571-017-0678-y.

45. **Poobalan, Amudha, and Lorna Aucott.** 2016. Obesity among young adults in developing countries: A systematic overview. Current Obesity Reports,5(1). doi:10.1007/s13679-016-0187-x.

46. **Ng, Marie, Tom Fleming, Margaret Robinson, Blake Thomson, Nicholas Graetz, Christopher Margono, Erin C. Mullany et al.** 2014. Global, regional, and national prevalence of overweight and obesity in children and adults during 1980–2013: a systematic analysis for the Global Burden of Disease Study 2013. The Lancet, 384(9945): 766–781.

47. **FAO (Food and Agriculture Organization of the United Nations).** 2016. The state of food and agriculture. Accessed June 2, 2017. https://www.compassion. com/multimedia/state-of-food-and-agriculture-fao.pdf; Ibid.

48. **WHO (World Health Organization).** 2015. WHO's first ever global estimates of foodborne diseases find children under 5 account for almost one third of deaths. Accessed June 2, 2017. http://www.who.int/mediacentre/news/releases/2015/ foodborne-disease-estimates/en/.

49. **Grace, D.** Food safety in developing countries: an overview. Evidence on Demand, UK (2015) 83 pp. Accessed June 1, 2017. https://dx.doi.org/10.12774/ eod_er.oct2015.graced.

50. **The World Bank.** 2010. People, Pathogens and Our Plant, Vol 1: Towards a Once Health Approach for Controlling. Zoonotic Diseases Report 50833-GLB; Sustaining Global Surveillance and Response to Emerging Zoonotic Diseases. Washington, DC: National

Research Council; 2009.

51. **Dobbs, Richard, Corinne Sawers, Fraser Thompson, James Manyika, Jonathan R. Woetzel, Peter Child, Sorcha McKenna, and Angela Spatharou.** 2014. Overcoming obesity: An initial economic analysis. McKinsey Global Institute.

52. **The Global Panel.** 2016. The cost of malnutrition: Why policy action is urgent. Technical Brief, 3.

53. **Bloom, D.E., Cafiero, E.T., Jané-Llopis, E., Abrahams-Gessel, S., Bloom, L.R., Fathima, S., Feigl, A.B., Gaziano, T., Mowafi, M., Pandya, A., Prettner, K., Rosenberg, L., Seligman, B., Stein, A.Z., & Weinstein, C.** 2011. The global economic burden of noncommunicable diseases. Geneva: World Economic Forum.

54. **TechTarget.** 2017. Machine learning. Accessed June 1, 2017. http://whatis. techtarget.com/ definition/machine-learning.

55. **EPA (United States Environmental Protection Agency).** 2017. Global Green House Gas emissions data. Accessed June 1, 2017. https://www.epa.gov/ghgemissions/global-greenhouse-gas-emissions-data.

56. **The World Bank.** 2017. Urban development. Accessed June 1, 2017. http:// www.worldbank. org/en/topic/urbandevelopment/overview; The World Bank.2010. Cities and climate change: an urgent agenda. Accessed June 1, 2017. http://siteresources.worldbank.org/INTUWM/Resour ces/340232-1205330656272/4768406-1291309208465/PartIII.pdf.

57. **Zhao, Chuang, Bing Liu, Shilong Piao, Xuhui Wang, David B. Lobell, Yao Huang, Mengtian Huang, et al.** 2017. Temperature increase reduces global yields of major crops in four independent estimates. Proceedings of the National Academy of Sciences (2017): 201701762.

58. **Vermeulen, Sonja J., Bruce M. Campbell, and John SI Ingram.** 2012. Climate change and food systems. Annual Review of Environment and Resources, 37(1): 195–222. doi:10.1146/ annurev-environ-020411-130608; FCRN (Food Climate Research Network) Foodsource. 2017. Food systems & greenhouse gas emis-sions. Accessed June 1, 2017. http://www.foodsource. org.uk.

59. **Pelletier, Nathan, Eric Audsley, Sonja Brodt, Tara Garnett, Patrik Henriksson, Alissa Kendall, Klaas Jan Kramer, David Murphy, Thomas Nemecek, and Max Troell.** 2011. Energy intensity of agriculture and food systems. Annual Review of Environment and Resources, 36; Vermeulen, Climate change.

60. **Mediterra.** 2016. Zero waste in the Mediterranean. Accessed June 1, 2017. http:// www. ciheam.org/uploads/attachments/333/Mediterra2016_EN_BAT 1_.pdf.

61. **Garnett, T.** 2011. Where are the best opportunities for reducing greenhouse gas emissions in

the food system (including the food chain)? Food Policy,36. doi:10.1016/j.foodpol.2010.10.010.

62. **IRENA (International Renewable Energy Agency).** 2017. Perspectives for the energy transition: Investment needs for a low-carbon energy system. Accessed June 1, 2017. http://www.irena.org/DocumentDownloads/Publications/ Perspectives_for_the_Energy_ Transition_2017.pdf.

63. **Kaufmann, Robert K., Karen C. Seto, Annemarie Schneider, Zouting Liu, Liming Zhou, and Weile Wang.** 2007. Climate response to rapid urban growth: evidence of a human-induced precipitation deficit. Journal of Climate, 20(10): 2299–2306.

64. **The World Bank.** 2017. Reducing pollution. Accessed June 1, 2017. http:// www.worldbank. org/en/topic/environment/brief/pollution; AfDB (African Development Bank). 2016. African Economic Outlook 2016: Sustainable cities and structural transformation. Accessed June 1, 2017. https://www.afdb.org/ fileadmin/uploads/afdb/Documents/Publications/AEO_2016_ Report_Full_ English.pdf; Zheng, Siqi, and Matthew E. Kahn. 2017. A new Era of pollution progress in urban China?. The Journal of Economic Perspectives 31, no. 1: 71–92; AfDB (African Development Bank). 2016. African Economics Outlook 2016. Sustainable cities and structural transformation.

65. **Seto, Karen C., Michail Fragkias, Burak Güneralp, and Michael K. Reilly.** 2011. A meta-analysis of global urban land expansion. PloS one 6, no. 8 (2011): e23777.

66. **Seto, Karen C., Burak Güneralp, and Lucy R. Hutyra.** Global forecasts of urban expansion to 2030 and direct impacts on biodiversity and carbon pools. Proceedings of the National Academy of Sciences 109, no. 40 (2012): 16083–16088.

67. **Güneralp, Burak, & Karen C. Seto.** 2008. Environmental impacts of urban growth from an integrated dynamic perspective: A case study of Shenzhen, South China. Global Environmental Change, 18(4): 720–735.

68. **Roberts, Eliza. and Brooke Barton.** 2015. Feeding Ourselves Thirsty: How the Food Sector is Managing Global Water Risks. Ceres, Boston, MA; World Economic Forum and the Harvard School of Public Health. 2011. The global economics burden of non-communicable diseases.

69. **FAO (Food and Agriculture Organization of the United Nations).** 2011. Global food loss and food waste. Accessed June 1, 2017. http://www.fao.org/ docrep/014/mb060e/mb060e.pdf.

70. **The High Level Panel of Experts on Food Security and Nutrition.** 2014. Food losses and waste in the context of sustainable food systems. Accessed June 1, 2017. http://www.fao.org/3/ a-i3901e.pdf.

71. **World Resources Institute and United Nations Environment Program.** 2013. Reducing food loss and waste. Accessed June 1, 2017. http://pdf.wri.org/reduc-ing_food_loss_and_waste.pdf.

72. **Parfitt, Julian, Mark Barthel, and Sarah Macnaughton.** 2010. Food waste within food

supply chains: quantification and potential for change to 2050. Philosophical Transactions of the Royal Society of London B: Biological Sciences, 365(1554), 3065–3081; Buzby, Jean. C., and Jeffrey Hyman. 2012. Total and per capita value of food loss in the United States. Food Policy, 37(5): 561–570.

73. **FAO (Food and Agriculture Organization of the United Nations).** 2015. Food wastage footprint & climate change. Accessed June 1, 2017. http://www.fao.org/fileadmin/templates/nr/sustainability_pathways/docs/FWF_and_climate_ change.pdf.

74. **Kummu, Matti, Hans de Moel, Miina Porkka, Stefan Siebert, Olli Varis, and Philip J. Ward.** 2012. Lost food, wasted resources: Global food supply chain losses and their impacts on freshwater, cropland, and fertiliser use. Science of the total environment, 438: 477–489.

75. **FAO.** Food wastage.

76. **FAO (Food and Agriculture Organization of the United Nations).** 2015. Global Initiative on food loss and waste reduction. Accessed June 1, 2017. http://www.fao.org/3/a-i4068e.pdf.

77. **World Bank.** 2014. Food loss and waste a barrier poverty reduction. Accessed June 1, 2017. http://www.worldbank.org/en/news/press-release/2014/02/27/ food-loss-waste-barrier-poverty-reduction.

78. **Nakicenovic, Nebojsa, Joseph Alcamo, A. Grubler, K. Riahi, R. A. Roehrl, H-H. Rogner, and N. Victor.** 2000. Special Reporton Emissions Scenarios (SRES), A Special Report of Working Group III of the Intergovernmental Panel on Climate Change. Cambridge University Press; World Bank (2012). What a waste: A global review of solid waste management. Accessed June 1, 2017. https://siteresources.world-bank.org/INTURBANDEVELOPMENT/Resources/336387-1334852610766/ What_a_Waste2012_Final.pdf.

79. **Goldin, Ian, and Mike Mariathasan.** 2014. Future opportunities, future shocks: Key trends shaping the global economy and society. Perspectives. Citi Global.

80. **Moragues-Faus, Ana, and Kevin Morgan.** 2015. Reframing the foodscape: the emergent world of urban food policy. Environment and Planning A, 47(7): 1558–1573.

81. **World Bank.** Urban development.

82. **Reardon, Thomas, and C. Peter Timmer.** 2014. Five inter-linked transformations in the Asian agrifood economy: Food security implications. Global Food Security, 3(2): 108–117; Hollinger, Frank, & John M. Staatz. 2015. Agricultural growth in West Africa. Market and Policy Drivers. Rome: African Development Bank and the Food and Agriculture Organization of the United Nations.

83. **Reardon, Thomas.** 2015. The hidden middle: the quiet revolution in the mid-stream of agrifood value chains in developing countries. Oxford Review of Economic Policy, 31(1): 45–63; Deichmann, Uwe, Forhad Shilpi, and Renos Vakis. 2009. Urban proximity, agricultural

potential and rural non-farm employment: Evidence from Bangladesh. World Development, 37(3): 645–660.

84. **FAO (Food and Agriculture Organization of the United Nations).** 2013. Smallholder integration in changing food markets. Accessed June 1, 2017. http://www.fao.org/docrep/018/i3292e/i3292e.pdf.

85. **Ibid; IFAD (The International Fund for Agricultural Development).** 2016. Rural development report 2016. Agrifood markets and value chains. Accessed June 1, 2017. https://www.ifad.org/documents/30600024/8f07f4f9-6a91-496a-89c1-d1b120f8de8b; The World Bank. 2008. World Development Report 2008. Bringing agriculture to the market. Accessed June 1, 2017. http://siteresources.worldbank. org/INTWDRS/Resourc es/477365-1327599046334/8394679-1327606607122/ WDR08_09_ch05.pdf; Armah, Jon, Katie Schneider, Robert Plotnick, and Mary Kay Gugerty. 2010. Smallholder contract farming in Sub-Saharan Africa and South Asia. EPAR Technical Report. Accessed June 1, 2017. https:// d7stage.evans. uw.edu/sites/default/files/public/Evans%20UW_Request%2060_Contract%20 farming_5%20March%202010.pdf; Das Gupta, S., T. Reardon, B. Minten, and S. Singh. 2010. The transforming potato value chain in India: from a commer-cialized-agriculture zone (Agra) to Delhi. Report of Value Chains Component of Asian Development Bank RETA (13 th) IFPRI Project on Policies For Ensuring Food Security In South And Southeast Asia.

86. Ibid.

87. **Cago, L.** 2016. Countries Most Dependent On Others For Food. Accessed June 1, 2017. http:// www.worldatlas.com/articles/the-countries-importing-the-most-food-in-the-world.html.

88. **IFPRI.** Global food policy report.

89. **OECD/FAO.** 2016. OECD-FAO Agricultural Outlook 2016–2025, OECD Publishing, Paris. Accessed June 1, 2017. http://dx.doi.org/10.1787/agr_ outlook-2016-en.

90. **MacDonald, Graham K., Kate A. Brauman, Shipeng Sun, Kimberly M. Carlson, Emily S. Cassidy, James S. Gerber, and Paul C. West.** 2015. Rethinking Agricultural Trade Relationships in an Era of Globalization. BioScience, 65 (3): 275–289.

91. **OECD/FAO.** OECD-FAO Agricultural Outlook.

92. **Anderson, Kym, and Anna Strutt.** 2016. Impacts of emerging Asia on African and Latin American trade: projections to 2030. The World Economy, 39(2): 172–194.

93. United Nations Trade Statistics. Accessed June 1, 2017. https://comtrade.un.org/ data/.

94. **Reardon et al.,** Five inter-linked transformations.

95. **National Development and Reform Commission and Ministry of Industry and Information Technology.** 2012. 12th Five-Year Plan for the food-processing industry.

96. **Proctor, Felicity J., and Julio A. Berdegué..** 2016. Food systems at the rural-urban interface.

Working Paper series N° 194. Rimisp, Santiago, Chile; Cazzuffi, Chiara, Mariana Pereira-López, and Isidro Soloaga. 2014. Local poverty reduction in Chile and Mexico: The role of food manufacturing growth. Food Policy 68: 160–185; Rankin, Marlo, Siobhan Kelly, Eva Galvez-Nogales, Cora Dankers, Toshi Ono, Massimo Pera, Allison Marie Loconto, David Neven, Florence Tartanac, and Emilie Vandecandelaere.2016. The transformative power of agri-food industry development: policies and tools for restructuring the agricultural sector towards greater added value and sustainable growth. In ESA Conference on Rural Transformation, Agricultural and Food System Transition: Building the evidence base for policies that promote sustainable development, food and nutrition security and poverty reduction, p. np.

97. **Berdegué, Julio A., Fernando Carriazo, Benjamín Jara, Félix Modrego, and Isidro Soloaga.** 2015. Cities, territories, and inclusive growth: Unraveling urban–rural linkages in Chile, Colombia, and Mexico. World Development, 73: 56–71.

98. **Smit, W.** 2016. Urban governance and urban food systems in Africa: Examining the linkages. Cities, 58, 80–86; Hollinger and Staatz, Agricultural growth.

99. **Zhao, Miaoxi, Xingjian Liu, Ben Derudder, Ye Zhong, and Wei Shen.** 2015. Mapping producer services networks in mainland Chinese cities. Urban Studies 52(16): 3018–3034; Reardon, Thomas, and C. Peter Timmer. 2012. The eco-nomics of the food system revolution. Annu. Rev. Resour. Econ, 4(1): 225–264.

100. **Zhang, Qian Forrest, and Zi Pan.** 2013. The Transformation of Urban Vegetable Retail in China: Wet Markets, Supermarkets, and Informal Markets in Shanghai. Journal of Contemporary Asia, 43(3): 497–518.

101. **Minot, Nicholas, Randy Stringer, Wendy Umberger, and Wahida.** 2013. Urban shopping patterns in Indonesia and implications for food security. Accessed June 1, 2017. https://www.adelaide.edu.au/global-food/documents/ urban-shopping-patterns-indonesia-implications.pdf; Wei, Bo. 2011. The cold chain management in supermarket: Case study on the fresh food logistics in a supermarket. Master's thesis. Univeristy of Gavle.

102. **Zhang et al.** Transformation of urban.

103. **Tsuchiya, Kazuaki, Yuji Hara, and Danai Thaitakoo.** 2015. Linking food and land systems for sustainable peri-urban agriculture in Bangkok Metropolitan Region. Landscape and Urban Planning, 143: 192–204.

104. **Hollinger and Staatz.** Agricultural growth; Woolverton and Frimpong, Consumer demand.

105. **Woldu, Thomas, Girum Abebe, Indra Lamoot, and Bart Minten.** 2013. Urban food retail in Africa: The case of Addis Ababa, Ethiopia. Ethiopia Strategy Support Program II Working Paper 50; Durkin, Andrea. 2016. Investing to nourish India's cities. The Chicago Council on

Global Affairs.

106. **Zameer, Asif, and Deepankar Mukherjee.** 2011. Food and grocery retail: patronage behavior of Indian urban consumers. South Asian Journal of Management 18(1): 119–134; Panda, Rajesh, and Biranchi Narayan Swar. 2013. Online shopping: An exploratory study to identify the determinants of shopper buying behaviour. International Journal of Business Insights & Transformation 7(1); Snyder, Jason, Claire Ijumba, David Tschirley, and Thomas Reardon. 2015. Local Response to the Rapid Rise in Demand for Processed and Perishable Foods: Results of an Inventory of Processed Food Products in Dar es Salaam. Feed the Future Innovation Lab for Food Security Policy; Goswami, Paromita, and Mridula S. Mishra. 2009. Would Indian consumers move from kirana stores to organized retailers when shopping for groceries?. Asia Pacific Journal of Marketing and Logistics 21(1): 127–143; Chattopadhyay, Ayan. 2013. Consumer shopping behaviour in the new era of retailing: An empirical study on food and grocery and apparel purchase in East India. Indian Journal of Marketing 43(12): 47–57; Ali, Jabir, Sanjeev Kapoor, and Janakiraman Moorthy. 2010. Buying behaviour of consumers for food products in an emerging economy. British Food Journal 112(2): 109–124; Tschirley et al., Rise of a middle class; Oltmans, Shelley Jayne. 2013. Case study on the food retail environment of Accra, Ghana. Graduate Theses and Dissertations, Iowa State University, Chicago; Woolverton and Frimpong, Consumer demand; Biyani, Shradha. 2011. Urban Poor Food Systems: An Analysis of Food Access in Millennial Delhi.

107. **McKinsey & Company.** Perspectives on retail.

108. **Stuckler, David, Martin McKee, Shah Ebrahim, and Sanjay Basu.** 2012. Manufacturing epidemics: the role of global producers in increased consumption of unhealthy commodities including processed foods, alcohol, and tobacco. PLoS Medicine, 9(6): e1001235.

109. **Reardon, Thomas.** 2016. Growing food for growing cities: Transforming food systems in an urbanizing world. The Chicago Council on Global Affairs.

110. **Tschirley et al.** Rise of a middle class.

111. **Reardon.** Growing food.

112. **Zheng, Zhihao, Shida R. Henneberry, Yinyu Zhao, and Ying Gao.** 2015. Income growth, urbanization, and food demand in China. Agricultural & Applied Economics Association's 2015 AAEA Annual Meeting, San Francisco, CA, July 26–28.

113. **McKinsey & Company.** Perspectives on retail.

114. **Berdegué, Julio A., and Felicity J. Proctor. 2014.** Cities in the rural transformation. No. 122. working paper series; Reardon, Growing food; Tschirley et al., Rise of a middle class; Berdegue, Cities in the rural; Minten, Bart. 2008. The food retail revolution in poor countries: Is it coming or is it over? Economic Development and Cultural Change, 56(4): 767–789;

Woolverton and Frimpong, Consumer demand; Ibid.

115. **Reardon.** Growing food.

116. **Gómez, Miguel I., and Katie D. Ricketts.** 2013. Food value chain transformations in developing countries: Selected hypotheses on nutritional implications. Food Policy, 42: 139–150.

117. **Minot.** Urban shopping patterns.

118. **Hollinger and Staatz,** Agricultural growth; Woolverton and Frimpong, Consumer demand.

119. **Lançon, Frédéric, and Idrissa Wade.** 2016. Urbanisation, changing tastes and rural transformation in West Africa; Rankin, Transformative power.

120. **Hollinger, F., & Staatz, J. M.** 2015. Agricultural growth in West Africa. Market and Policy Drivers. Rome: African Development Bank and the Food and Agriculture Organization of the United Nations.

121. **Staatz, John, and Frank Hollinger.** 2016. West African food systems and changing consumer demands. No. 4. OECD Publishing.

122. **IGD (The Institute of Grocery Distribution).** 2017. Three trends shaping Asian grocery in 2017. Accessed June 1, 2017. https://www.igd.com/articles/article-viewer/t/three-trends-shaping-asian-grocery-in-2017/i/16196; Askew, Katy, 2016. The food industry in 2016-Tapping global growth in e-commerce. Just-Food. Accessed June 1, 2017. https://www.just-food.com/ management-briefing/the-food-industry-in-2016-tapping-global-growth-in-e-commerce_id132013.aspx; FIA (Food Industry Asia). 2017. Singapore Online Grocery to more than triple by 2020. Accessed June 1, 2017. https://foodindus-try.asia/singapore-online-grocery-to-more-than-triple-by-2020.

123. **Hollinger and Staatz,** Agricultural growth.

124. **Food Marketing Institute.** 2016. U.S. grocery shopping trends in 2016. Accessed June 1, 2017. https://www.fmi.org/forms/store/ProductFormPublic/ u-s-grocery-shopper-trends-2016; Deloitte. 2016. Capitalizing on the shifting consumer food value equation. Accessed June 1, 2017. https://www2.deloitte. com/content/dam/Deloitte/us/Documents/consumer-business/us-fmi-gma-report.pdf; Nielsen. 2016. What's in our food and on our mind. Accessed June 1, 2017. http://www.nielsen.com/us/en/insights/reports/2016/whats-in-our-food-and-on-our-minds.html; Khare, Arpita. 2015. Antecedents to green buying behaviour: a study on consumers in an emerging economy. Marketing Intelligence & Planning, 33(3): 309–329; Banerjee, S., A. Joglekar, and S. Kundle. 2013. Consumer awareness about convenience food among working and non-working women. IJSR-International Journal of Scientific Research, 2(10): 1–4; Morisset, Michel, and Pramod Kumar. 2008. Trends and pattern of consumption of value added foods in India. Structure and Performance of the Food Processing Industry in

India; Indian Statistical Institute: New Delhi, India.

125. **Dubbeling, Marielle, Joy Carey, and Katrin Hochberg.** 2016. The role of private sector in city region food systems.

126. **Tschirley, David.** 2010. Opportunities and constraints to increased fresh produce trade in East and Southern Africa. In 4th Video Conference under AAACP-funded Series of High Value Agriculture Seminars. Accessed June 1, 2017. http://citeseerx. ist. psu. edu/viewdoc/ download; Oltmans, Cast study; Woolverton and Frimpong, Consumer demand.

127. FIES是对人们获得食物情况的直接衡量标准，来自美国以及拉丁美洲和加勒比地区广泛使用和验证的基于经验的粮食安全等级。

128. **FAO (Food and Agriculture Organization of the United Nations).** 2016. FAO's Voices of the Hungry. Accessed June 1, 2017. www.fao.org/in-action/ voices-of-the-hungry/en/.

129. **Battersby, Jane.** 2010. Beyond the food desert: Finding ways to speak about urban food security in South Africa. Geografiska Annaler: Series B, Human Geography 94, no. 2: 141–159; Frayne, Bruce, W. Pendleton, J. Crush B. Acquah, J. Battersby-lennard, E. Bras, A. Chiweze et al. 2010. The state of urban food insecurity in Southern Africa. Urban Food Security Series 2. Queen's University and AFSUN: Kingston and Cape Town; World Food Program. Adapting to an urban world. Accessed June 1, 2017. http://fscluster.org/sites/default/ files/doc-uments/adapting_to_an_urban_world_somalia_urban_assessment_report_ somalia_ fsc_0.pdf.

130. **Riley, Liam, and Belinda Dodson.** 2016. Rapid Urbanisation, Urban Food Deserts and Food Security in Africa. Cham: Springer International Publishing; Raimundo, I., and W. Pendleton. 2016. The state of food insecurity in Maputo, Mozambique. Southern African Migration Programme; Kumar, Naveen, and Suresh Chand Aggarwal. 2003. Patterns of consumption and poverty in Delhi slums. Economic and Political Weekly: 5294–5300.

131. **Cannuscio, Carolyn C., Karyn Tappe, Amy Hillier, Alison Buttenheim, Allison Karpyn, and Karen Glanz.** 2013. Urban food environments and residents' shopping behaviors. American Journal of Preventive Medicine, 45(5): 606–614.

132. **Battersby, Beyond the food desert; Crush, Jonathan, Bruce Frayne, and Wade Pendleton.** 2012. The Crisis of Food Insecurity in African Cities. Journal of Hunger & Environmental Nutrition, 7(2-3): 271–292.

133. **Rudolph, M., Florian Kroll, S. Ruysenaar, and T. Dlamini.** 2012. The state of food insecurity in Johannesburg. Urban Food Security Series No. 12. Kingston and Cape Town: AFSUN; Crush, Crisis of food insecurity; OECD (Organization for Economic Co-operation and Development). 2015. Latin American competition forum. Accessed June 1, 2017. http:// www.oecd.org/officialdocuments/publicdisplaydocumentpdf/?cote=DAF/COMP/ LACF/

A(2015)1&docLanguage=En.

134. **Frayne, State of urban food insecurity; Tacoli, C., and B. Vorley.** 2015. Reframing the debate on urbanization, rural transformation and food security. International Institute for Environment and Development, United Nations Population Fund.

135. **Reid, David McHardy, Eugene H. Fram, and Chi Guotai.** 2010. A study of Chinese street vendors: How they operate. Journal of Asia-Pacific Business 11(4): 244–257; Shah, Parth, and Naveen Mandava, eds. 2005. Law, liberty, and livelihood: making a living on the street. Academic Foundation; Patel, Kirit, David Guenther, Kyle Wiebe, and Ruth-Anne Seburn. 2014. Promoting food security and livelihoods for urban poor through the informal sector: a case study of street food vendors in Madurai, Tamil Nadu, India. Food security, 6(6): 861–878.

136. **Shah and Mandava.** Law, liberty, and livelihood.

137. **Reid et al.,** A study of Chinese street vendors.

138. **Smit,** Urban governance; **Patel et al.,** Promoting food security.

139. **IFPRI.** Global food policy report.

140. **Feeding an Urban World: A Call to Action.** 2013. The Chicago Council on Global Affairs.

141. **Crush et al.,** Crisis of food insecurity; Tacoli and Vorley, Reframing the debate; Pendleton, Crisis of food insecurity.

142. **Pendleton, Wade, and Ndeyapo Nickanor.** 2016. The State of Food Insecurity in Windhoek, Namibia (No. 14). Southern African Migration Programme.

143. **Durkin, Investing to nourish India's cities; Department of Food & Public Distribution. National Food Security Act (NFSA).** 2013. Accessed June 1, 2017. http://dfpd.nic.in/nfsa-act.htm.

144. **Frayne, Bruce, and Cameron McCordic.** 2015. Planning for food secure cities: Measuring the influence of infrastructure and income on household food security in Southern African cities. Geoforum, 65: 1–11.

145. **Cohen, Marc J., and James L. Garrett.** 2010. The food price crisis and urban food (in)security. Environment and Urbanization 22(2): 467–482; Crush, Jonathan, and Bruce Frayne. 2011. Supermarket expansion and the informal food economy in Southern African cities: implications for urban food security. Journal of Southern African Studies, 37(4): 781–807.

146. **Minten, Bart, Thomas Reardon, and Rajib Sutradhar.** 2010. Food prices and modern retail: The case of Delhi. World Development, 38(12): 1775–1787.

147. **Minten, Bart.** 2008. The food retail revolution in poor countries: Is it coming or is it over? Economic Development and Cultural Change, 56(4): 767–789.

148. **Waldu, Thomas, Girum Abede, Indra Lamoot, and Bart Minten.** 2013. Urban food retail

in Africa: The case of Addis Ababa, Ethiopia Strategy Support Program II Working Paper 50.

149. **Minten, Bart, and Thomas Reardon.** 2008. Food prices, quality, and quality's pricing in supermarkets versus traditional markets in developing countries. Appl Econ Perspect Policy, 30 (3): 480–490.

150. **United Nations.** 2016. World Cities Report 2016. World Cities Report; EuroStata. 2016. Urban Europe: Statistics on cities, towns and suburbs. Accessed June 1, 2017. http://ec.europa.eu/eurostat/documents/3217494/7596823/KS-01-16-691-EN-N.pdf.

151. **RUAF Foundation,** 2015. City region food systems. Urban Agriculture Magazine 29. Leusden, The Netherlands. FAO (Food and Agriculture Organization of United Nations) and RUAF Foundation. 2015. A vision for city region food systems. Rome, Italy. Accessed June 1, 2017. http://www.fao.org/3/a-i4789e.pdf.

152. **Wu, Fulong.** 2017. Chinas emergent city-region governance: A new form of state spatial selectivity through state-orchestrated rescaling. International Journal of Urban and Regional Research, 40(6): 1134–1151.

153. **Si, Zhenzhong, Jonathan Crush, Steffanie Scott, and Taiyang Zhong.** 2016. The Urban Food System of Nanjing, China, No. 1. Hungry Cities Partnership Report.

154. **Foster, Thomas, Guido Santini, David Edwards, Katie Flanagan, and Makiko Taguchi.** 2015. Strengthening Urban Rural Linkages Through City Region Food Systems. Regional Development Dialogue, 35.

155. **Adam-Bradford, Andrew, and René van Veenhuizen.** 2015. Role of urban agriculture in disasters and emergencies. In: de Zeeuw H. and P. Drechsel (editors). 2015. Cities and Agriculture: Developing Resilient Urban Food Systems. Earthscan Food and Agriculture, Routledge.

156. UNHCR's Strategic Direction 2017–2021. 2017. UNHCR. Accessed July 1, 2017. www.unhcr.org/5894558d4.pdf.

157. **United Nations.** Percentage of total population living in coastal areas. Accessed July 1, 2017. http://www.un.org/esa/sustdev/natlinfo/indicators/methodology_ sheets/oceans_seas_coasts/pop_coastal_areas.pdf.

158. Ibid.

159. Forster, Milan Urban Food Policy Pact.

160. **USDA (United States Department of Agriculture).** 2016. Urban agriculture toolkit. Accessed August 1, 2017. https://www.usda.gov/sites/default/files/documents/urban-agriculture-toolkit.pdf; Dubbeling, M., Camelia Bucatariu, Guido Santini, Carmen Vogt, and Katrin Eisenbeiß. 2016. City region food systems and food waste management: Linking urban and rural areas for sustainable and resilient development. GIZ, FAO and RUAF.

161. **Rolfes, L., Jr.** 2016. Improving Access to Agricultural Land through Leasing for Internally Displaced Persons in Georgia. World Bank Group. Accessed June 1, 2017. http://pubdocs. worldbank.org/en/522311462482847867/Improving-Access-to-Agricultural-Land-through-Leasing-for-Internally-Displaced-Persons-in-Georgia-KTF-041916.pdf.

162. **IFPRI.** Global food policy report.

163. **Viljoen, André, Johannes Schlesinger, Katrin Bohn and Axel Drescher. In: de Zeeuw H. and P. Drechsel (editors).** 2015. Cities and Agriculture: Developing Resilient Urban Food Systems. Earthscan Food and Agriculture, Chapter 4. Agriculture in urban design and spatial planning. Accessed June 1, 2017. http://www.ruaf.org/ agriculture-urban-design-and-spatial-planning; Romer, Paul. (2012, December). Urbanization as opportunity. In presentation to the World Bank's Sixth Urban Research and Knowledge Symposium, October 2012, Washington DC.

164. Ibid.

165. **Global Trends 2030: Alternative Worlds.** 2012. National Intelligence Council. Accessed June 1, 2017. https://www.dni.gov/files/documents/GlobalTrends_2030. pdf.

166. **Yeboah, F. K., and Jayne, T. S.** 2017. Africa's evolving employment trends: implications for economic transformation. Africagrowth Agenda, 18–22.

167. **Vos, Rob.** 2017. Unpublished internal comments, FAO (Food and Agriculture Organization of the United Nations); Dubbeling, Marielle. 2017. Unpublished internal comments, RUAF Foundation.

168. **As of 2009, the entire World Wide Web was estimated to contain close to one half zettabyte (Wray).** By 2020, this will have increased 100-fold.

169. **Marr, Bernard.** 2015. Big Data: 20 Mind-Boggling Facts Everyone Must Read. Accessed June 1, 2017. https://www.forbes.com/ sites/bernardmarr/2015/09/30/ big-data-20-mind-boggling-facts-everyone-must-read/#444b4d7c17b1.

170. 传感器是一种设备，用来对来自物理环境的某种类型输入进行检测和响应，包括光、热、运动、湿度、压力及其他环境现象。其输出通常是一种信号，可以在传感器端直接转换为人类可读的显示，也可以通过网络电子传输再进行读取或进一步处理（Rouse，2016）。

171. **New Jersey Institute of Technology.** Big Data and the IoT: The future of the smart city. Accessed August 1, 2017. http://graduatedegrees.online.njit.edu/resources/ mscs/mscs-infographics/big-data-and-the-iot-the-future-of-the-smart-city/.

172. **Koppenol, P., & Divisional, A.** 2016. Open data in a big data world. Chemistry International 38(2): 17.

173. **Gurin, J.** 2013. Big data vs open data-Mapping it out. Accessed June 1, 2017. http://www.

opendatanow.com/2013/11/new-big-data-vs-open-data-mapping-it-out/#.WS2U5WjyuUm.

174. **Smit.** Urban governance.

175. **The World Bank.** City creditworthiness initiative: A partnership to deliver municipal finance. Accessed August 1, 2017. http://www.worldbank.org/en/topic/urbandevelopment/ brief/city-creditworthiness-initiative; UN Habitat. 2015. Urban economic development strategies. Accessed August 1, 2017. http://habitat3.org/wp-content/uploads/PU7-HABITAT-III-POLICY-PAPER-FRAMEWORK.pdf; UN Habitat. 2011. The economic role of cities. Accessed August 1, 2017. https://unhabitat.org/economic-role-of-cities/.

176. **FAO (Food and Agriculture Organization of the United Nations).** 2011. The state of food and agriculture 2010–2011: Women in agriculture: Closing the gender gap for development. Rome. Italy: FAO. Accessed June 1, 2017. www.fao.org/docrep/013/i2050e/i2050e.pdf.

177. **IFC (International Finance Corporation).** 2016. Investing in women along agri-business value chains. Accessed June 1, 2017. http://www.ifc.org/wps/wcm/con-nect/topics_ext_content/ifc_external_corporate_site/gender+at+ifc/priorities/ entrepreneurship/investing+in+women+along+agribusiness+value+chains.

178. **RUAF Foundation.** 2014. Urban agriculture: what and why? Accessed June 1, 2017. http://www.ruaf.org/urban-agriculture-what-and-why.

179. **UCLG (United Cities and Local Governments)-Capacity and Institution Building.** 2015. Financing urban and local development: the missing link in sustainable development finance. Global Taskforce. Accessed June 1, 2017. http://www.cib-uclg.org/cib-library/content/ financing-urban-and-local-devel-opment-missing-link-sustainable-development.

180. **Enabling the Business of Agriculture.** 2017. The World Bank Group. doi:10.1596/978-1-4648-1021-3.

181. **Sustainable Business Network.** Investing in food and farming. (n.d.). Accessed June 1, 2017. http://sustainable.org.nz/sustainability-news/investing-in-food-and-farming#. WS3E4WjyuUk.

182. **The World Bank.** 2015. Small and Medium Enterprises (SMEs) finance. Accessed June 1, 2017. http://www.worldbank.org/en/topic/financialsector/brief/ smes-finance.

183. **Spatafora, Nikola.** 2014. Remittances and Vulnerability in Developing Countries: Results from a new Dataset. Accesed June 1, 2017. http://blogs.worldbank. org/peoplemove/ remittances-and-vulnerability-developing-countries-re-sults-new-dataset.

184. **Guiliano, Paola, and Marta Ruiz-Arranz.** 2005. Remittances, Financial Development, and Growth. IMF Working Paper.

185. **FAO (Food and Agriculture Organization of the United Nations).** 2017. Agricultural investment funds for developing countries. 2010. Accessed June 1, 2017. http://www.fao.org/

fileadmin/user_upload/ags/publications/investment_ funds.pdf.

186. **European Central Bank.** 2014. Survey on the access to finance of enterprises (SAFE) in the Euro Area. (2014). ECB. Accessed June 1, 2017. https://www.ecb. europa.eu/stats/ecb_ surveys/safe/html/index.en.html.

187. **The World Bank.** 2016. Doing Business 2016: Measuring regulatory quality and efficiency. World Bank Group. doi:10.1596/978-1-4648-0667-4.

188. **Bruhn, Miriam.** 2016. Policies for SME growth: what works, what doesn't? Accessed June 1, 2017. http://pubdocs.worldbank.org/en/269861478801095302/ Policies-for-SME-Growth.pdf.

189. **The World Bank.** Doing Business-Getting Credit. (n.d.). Accessed June 1, 2017. http://www. doingbusiness.org/data/exploretopics/getting-credit/.

190. **RUAF Foundation. RUAF 10 Years.** 2011. Accessed June 1, 2017. http://www.ruaf.org/ sites/default/files/UAM_25.pdf.

191. **Adam-Bradford and Van Veenhuizen.** Role of urban agriculture.

192. **RUAF Foundation and ICLEI Local Governments for Sustainability.** 2013. Cityfood: Linking cities on urban agriculture and urban food systems. Accessed June 1, 2018. http:// resilient-cities.iclei.org/fileadmin/sites/resilient-cities/files/ Full_papers/RUFS_2013_ CITYFOOD_12pages_FINAL_hq.pdf.

193. **Nwanze, K. F. (n.d.). Viewpoint: Smallholders can feed the world.** Accessed June 1, 2017. https://www.ifad.org/documents/10180/ca86ab2d-74f0-42a5-b4b6-5e476d321619.

194. **Townsend, Robert, Rui Manuel Benfica, Ashesh Prasann, Maria Lee, Parmesh Shah.** 2017. Future of Food: Shaping the Food System to Deliver Jobs. World Bank Group. Accessed August 1, 2017. http://documents.worldbank.org/curated/en/406511492528621198/ Future-of-food-shaping-the-food-system-to-deliver-jobs.

195. Ibid.

196. **Yasmeen, Gisèle.** 2001. Workers in the urban "informal" food sector: innovative organizing strategies. FAO. Accessed June 1, 2017. http://www.fao.org/3/a-y1931m/y1931m04.pdf.

197. **Floro, Maria Sagrario, and Ranjula Bali Swain.** 2013. Food security, gender, and occupational choice among urban low-income households. World Development, 42: 89–99; Patel, Kirit, David Guenther, Kyle Wiebe, and Ruth-Anne Seburn. 2014. Promoting food security and livelihoods for urban poor through the informal sector: a case study of street food vendors in Madurai, Tamil Nadu, India. Food Security 6(6), 861–878.

198. **White, Stephanie A. and Michael W Hamm.** 2014. Urban Agriculture and a Planning Approach to Urban Food Systems. Center Report Series 4. Global Center for Food Systems Innovation, Michigan State University, East Lansing, Michigan, USA 23 pp.

199. **ILO (International Labour Office).** 2014. Transitioning from the informal to the formal

economy. Accessed June 1, 2017. http://www.ilo.org/wcmsp5/groups/ public/---ed_norm/---relconf/documents/meetingdocument/wcms_218128. pdf.

200. **The Economist.** 2016. Bringing light to the grey economy. Accessed June 1, 2017. http://www.economist.com/news/international/21708675-new-technol-ogy-may-persuade-informal-businesses-and-workers-become-formal-bring-ing-light.

201. **Eighth Joint Annual Meetings of the African Union Specialized Technical Committeeon Finance, Monetary Affairs, Economic Planningand Integrationand the Economic Commission for Africa Conference of African Ministers of Finance, Planning and Economic Development (2015, March 25).** Accessed June 1, 2017. http://www.uneca.org/sites/default/files/uploaded-documents/CoM/com2015/ com2015_overview-economic-social-conditions-africa-e1500193_en.pdf.

202. **Fraser, Elizabeth, Malambo Moonga, and Johanna Wilkes.** 2014. The role of the informal economy in addressing urban food insecurity in Sub-Saharan Africa. Centre for International Governance Innovation.

203. **ILO (International Labour Organization).** 2015. Recommendation No. 204 concerning the transition from the informal to the formal economy. Accessed June 1, 2017. http://www.ilo.org/ilc/ILCSessions/104/texts-adopted/ WCMS_377774/lang--en/index.htm.

204. **Pansing, Cynthia, John Fisk, Stacia Kiraly, Arlin Wasserman, Michelle Muldoon, and Tavia Benjamin.** 2013. A Roadmap for city food sector innovation & investment. Arlington, VA : Wallace Center at Winrock International.

205. **Kabasa, John David, Johann Kirsten, and Isaac Minde.** 2015. Implications of changing agri-food system structure for agricultural education and training in Sub-Saharan Africa. Journal of Agribusiness in Developing and Emerging Economies, 5(2): 190–199.

206. **ILO (International Labour Organization).** 2015. Toward solutions for youth employment : A 2015 baseline report. Accessed June 1, 2017. http://www.ilo.org/ wcmsp5/groups/public/---ed_emp/documents/publication/wcms_413826.pdf.

207. **Allen et al.** Agrifood youth employment.

208. **KLab.** Accessed June 1, 2017. https://klab.rw/.

209. **Townsend et al.** Future of Food.

210. Ibid.

211. **Lindsay, John, and Sara Babb.** 2016. Measuring employment outcomes for work-force development. FHI360. Accessed June 1, 2017. https://www.usaid.gov/sites/ default/files/documents/1865/Measuring_Employment_Outcomes_Briefing_ Paper.pdf.

212. **Townsend et al.** Future of Food.

213. **The World Bank.** 2017. Information & Communication Technologies Overview. Accessed

August 1, 2017. http://www.worldbank.org/en/topic/ict/overview#1.

214. **Kellou, Imene.** 2014. Alternative food systems: The case of Agri-food SMEs. Proceedings in Food System Dynamics, 155–160.

215. **Tschirley, David.** 2017. More and better jobs for youth in agrifood system. 2017. Presentation at the World Bank jointly with Julie Howard and Kwame Yeobah, Washington DC, May 9, 2017.

216. **Bruhn.** What works, what doesn't?.

217. **Ojeka, S.** 2011. Tax Policy and the Growth of SMEs: Implications for the Nigerian Economy. Research Journal of Finance and Accounting, 2(2).

218. **Bruhn.** What works, what doesn't?.

219. **UNIDO (United Nations Industrial Development Organization).** 2017. Integrated agro-industrial parks in Ethiopia. (n.d.). Accessed June 1, 2017. https://isid. unido.org/files/ Ethiopia/Integrated-Agro-Industrial-Parks-Overview.pdf.

220. **The World Bank.** 2012. LightmanufacturinginAfrica.AccessedJune1, 2017. http:// siteresources.worldbank.org/DEC/Resources/LightManufacturingInAfrica-FullReport.pdf.

221. **Reardon.** The hidden middle.

222. **Staatz, John M.** 1994. The strategic role of food and agricultural systems in fighting hunger through fostering sustainable economic growth. Department of Agricultural Economics, Michigan State University.

223. **Estrada-Nora, M.** 2016. Eurofresh. Accessed June 1, 2017. http://www.eurofresh-distribution.com/news/evolution-wholesale-markets-food-logistics-platforms.

224. **Hollinger and Staatz.** Agricultural growth.

225. **IFPRI.** Global food policy.

226. **Dablanc, Laetitia, Genevieve Giuliano, Kevin Holliday, and Thomas O'Brien.** 2013. Best practices in urban freight management: Lessons from an international survey. Transportation Research Record: Journal of the Transportation Research Board, 2379: 29–38.

227. **Hollinger and Staatz.** Agricultural growth.

228. **Gálvez Nogales, E., and M. Webber.** 2017. Territorial tools for agro-industry development. FAO. Accessed June 1, 2017. http://agris.fao.org/agris-search/ search. do?recordID=XF2017003410.

229. **Galvez-Nogales, E.** (2010). Agro-based clusters in developing countries: staying competitive in a globalized economy. FAO. Accessed June 1, 2017. http:// www.fao.org/docrep/012/ i1560e/i1560e.pdf.

230. **Iimi, Atsushi, Richard Martin Humphreys, and Sevara Melibaeva.** 2015. Firms? locational choice and infrastructure development in Tanzania: instrumental variable spatial

autoregressive model; Siba, E., Söderbom, M., Bigsten, A., & Gebreeyesus, M. (2012). Enterprise agglomeration, output prices, and physical productivity: Firm-level evidence from Ethiopia (No. 2012/85). WIDER work-ing paper.

231. **Ali, Merima, and Jack Peerlings.** 2012. Farm households and nonfarm activities in Ethiopia: does clustering influence entry and exit?. Agricultural Economics, 43: 253–266.

232. **Kutcher, Eric, Olivia Nottebohm, and Kara Sprague.** 2014. Grow fast or die slow. Accessed June 1, 2017. http://www.mckinsey.com/industries/high-tech/ our-insights/grow-fast-or-die-slow.

233. **Nogales and Webber.** Territorial tools.

234. **Banerjee, Chirantan, and Lucie Adenaeuer.** 2014. Up, up and away! The economics of vertical farming. Journal of Agricultural Studies, 2(1): 40–60; Townsend, Future of Food.

235. **Thornblad, Mattew.** 2017. Tapping into a triple win: Food cold chain for developing countries. Presentation at the World Bank Agriculture Forum Learning Week, Washington D.C.; Global Food Cold Chain Council .2015. Expanding the Food Cold Chain for a Healthier Planet. Accessed June 1, 2017. http://www.foodcoldchain.org/background.

236. **Bukeviciute et al.** Functioning of the food supply chain and its effect on food prices in the European Union. European Commission. Office for infrastructures and logistics of the European Communities.

237. **Baker, Phillip, and Sharon Friel.** 2016. Food systems transformations, ultra-processed food markets and the nutrition transition in Asia. Globalization and Health, 12(1): 80.

238. **Bukeviciute.** Functioning of the food supply chain.

239. **The World Bank.** 2016. Linking farmers to markets through productive alliances: An assessment of the World Bank experience in Latin America. World Bank, Washington, DC. © World Bank. Accessed June 1, 2017. https://open-knowledge.worldbank.org/ handle/10986/25752 License: CC BY 3.0 IGO.

240. **Staatz, John, Andrew Kizito, Michael Weber, and Niama Nango Dembélé.** 2014. Challenges in measuring the impact of Market Information Systems. Cahiers Agricultures, 23: 317–324.

241. **Parfitt et al.** Food waste within food supply chains.

242. **Hanson, Craig and Peter Mitchell.** 2017. The business case for reducing food loss and waste. ChaMPioNs, 12: 7–8.

243. **Buechler, S., and G. D. Mekala.** 2006. Wastewater use for urban and peri-urban agriculture. Cities farming for the future: Urban agriculture for green and productive cities, R.v. Veenhuizen. IIRR/RUAF/IDRC. 243–273.

244. **The Guardian.** 2016. French law forbids food waste by supermarkets. Accessed June 1,

2017. https://www.theguardian.com/world/2016/feb/04/french-law-forbids-food-waste-by-supermarkets.

245. **Simone d'Antonio.** 2016. Milan leads fight against food waste—with ugly fruit and Michelin-starred soup kitchens. The Guardian. Accessed June 1, 2017. https://www.theguardian.com/cities/2016/oct/16/milan-fight-against-food-waste-ugly-fruit-grassroots-world-food-day.

246. **The Guardian.** 2016. French law forbids food waste by supermarkets.

247. **Parfitt et al.** Food waste within food supply chains.

248. **FAO (Food and Agriculture Organization of the United Nations).** 2011. Global food losses and food waste – Extent, causes and prevention. Rome; HLPE (The High Level Panel of Experts) Report. 2014. Food losses and waste in the context of sustainable food systems Extract from the Report: Summary and Recommendations. Committee on World Food Security; Lipinski, Brian, Craig Hanson, James Lomax, Lisa Kitinoja, Richard Waite, and Tim Searchinger. 2013. Reducing food loss and waste. World Resources Institute Working Paper.

249. **Hanson, Craig, Brian Lipinski, Kai Robertson, Debora Dias, Ignacio Gavilan et al.** 2017. Food Loss and Waste Protocol: Food loss and waste accounting and reporting standard. Accessed August 1, 2017. http://flwprotocol.org/wp-con-tent/uploads/2017/05/FLW_Standard_final_2016.pdf.

250. **FAO (Food and Agriculture Organization of United Nations).** 2016. Food loss assessments: causes and solutions. Accessed June 1, 2017. http://www.fao.org/ fileadmin/user_upload/save-food/PDF/Kenya_Food_Loss_Studies.pdf.

251. **FAO (Food and Agriculture Organization of United Nations).** 2016. Social protection in protracted crises, humanitarian and fragile contexts. Accessed June 1, 2017. http://www.fao.org/3/a-i5656e.pdf.

252. **Forster et al.,** Milan Urban Food Policy Pact.

253. **Egyptian Food Bank. Experience and achievements.** Accessed June 1, 2017. https://www.egyptianfoodbank.com/en/experience-and-achievements.

254. **Global Panel on Agriculture and Food Systems for Nutrition.** 2016. Food Systems and Diets. Accessed June 1, 2017. https://www.glopan.org/fore-sight; IFPRI (International Food Policy Research Institute). 2016. Nourishing Millions: Stories of change in nutrition. Accessed June 1, 2017. http://ebrary. ifpri.org/cdm/ref/collection/p15738coll2/id/130395; World Cancer Research Fund International. Nourishing framework and policy database. Accessed June 1, 2017. http://www.wcrf.org/int/policy/our-publications.

255. **Monteiro, Carlos Augusto, Geoffrey Cannon, Jean-Claude Moubarac, Ana Paula Bortoletto Martins, Carla Adriano Martins, Josefa Garzillo, Daniela Silva Canella et al.** 2015. Dietary guidelines to nourish humanity and the planet in the twenty-first century. A

blueprint from Brazil. Public Health Nutrition, 18(13): 2311–2322.

256. **Popkin, Barry M.** 2006. Global nutrition dynamics: the world is shifting rapidly toward a diet linked with noncommunicable diseases. The American Journal of Clinical Nutrition, 84(2): 289–298.

257. **Marteau, Theresa M., Gareth J. Hollands, and Paul C. Fletcher.** 2012. Changing human behavior to prevent disease: the importance of targeting automatic processes. Science, 337(6101): 1492–1495.

258. 食物沼泽是指城市中不健康食物比健康食物更容易获得的区域或街区。食物沼泽通常存在于食物荒漠中，在那里购买健康食物的选择有限。http://mdfoodsystemmap.org/wp-content/uploads/2013/01/Atlas_CLF-Food Swamp_final.pdf.

259. **Anand et al.** Food consumption.

260. **Stuckler et al.** Manufacturing epidemics.

261. **Jolly, Rhonda.** 2011. Marketing Obesity?: Junk food, advertising and kids. Parliamentary Library; Hawkes, Corina, J. Jewell, and K. Allen. 2013. A food policy package for healthy diets and the prevention of obesity and diet related non communicable diseases: the NOURISHING framework. Obesity Reviews, 14(S2): 159–168.

262. **Andreyeva, Tatiana, Michael W. Long, and Kelly D. Brownell.** 2010. The impact of food prices on consumption: a systematic review of research on the price elasticity of demand for food. American Journal of Public Health, 100(2): 216–222.

263. **Hawkes, Corinna, Trenton G. Smith, Jo Jewell, Jane Wardle, Ross A. Hammond, Sharon Friel, Anne Marie Thow, and Juliana Kain.** 2015. Smart food policies for obesity prevention. The Lancet, 385(9985): 2410–2421; Global Panel on Agriculture and Food Systems for Nutrition, 2016. Food systems and diets: Facing the challenges of the 21st century. Accessed August 1, 2017. www.glopan. org/foresight; FAO (Food and Agriculture Organization of the United Nations). Toolkit on nutrition-sensitive agriculture and food systems. Accessed August 1, 2017. http://www.fao.org/nutrition/policies-programmes/toolkit/en/; United Nations System Standing Committee on Nutrition. The ICN2 Framework for Action. Accessed August 1, 2017. https://www.unscn.org/files/cfs/ICN2-Framework-for-Action.pdf.

264. **Hawkes, Corinna, Sharon Friel, Tim Lobstein, and Tim Lang.** Linking agricultural policies with obesity and noncommunicable diseases: a new perspective for a globalising world. Food Policy, 37(3): 343–353.

265. **Wyness, Laura A., Judith L. Butriss, and Sara A. Stanner.** 2012. Reducing the population's sodium intake: the UK Food Standards Agency's salt reduction programme. Public health nutrition 15(2): 254–261; He, F. J., H. C. Brinsden, and G. A. MacGregor. 2014.

Salt reduction in the United Kingdom: a successful experiment in public health. Journal of human hypertension, 28(6): 345.

266. **Masters, William A.** 2016. Assessment of current diets: Recent trends by income and region. Global Panel on Agriculture and Food Systems for Nutrition, 2016. Food systems and diets: Facing the challenges of the 21st century.

267. **Trieu, Kathy, Bruce Neal, Corinna Hawkes, Elizabeth Dunford, Norm Campbell, Rodrigo Rodriguez-Fernandez, Branka Legetic, Lindsay McLaren, Amanda Barberio, and Jacqui Webster.** 2015. Salt reduction initiatives around the world—a systematic review of progress towards the global target. PloS one, 10(7): e0130247.

268. 健康饮食的定义如下：

- 充足，构成健康生活所需的足够食物。
- 多样化，包含各种各样的食物，包括大量水果和蔬菜、豆类和全谷物。
- 公共卫生问题的食物成分含量低：糖和盐摄入适度（所有碘化盐），脂肪为不饱和脂肪，而非饱脂肪和反式脂肪。

此外，根据世界卫卫组织的说法，健康饮食的特征是丰富的、多样的植物性食品，有限的或不含超加工食品（如含糖饮料和加工肉类），以及适当摄入其他符合生命阶段饮食需求的营养食品。世界卫生组织。2015健康饮食。2017年8月1日查阅。http://www.who.int/mediacentre/factsheets/fs394/en/。

269. **Fischer, C. Gonzalez, and Tara Garnett.** 2016. Plates, pyramids, planet: Developments in national healthy and sustainable dietary guidelines: a state of play assessment. Rome: Food and Agriculture Organization of the United Nations and The Food Climate Research Network at The University of Oxford.

270. **Monteiro et al.** Dietary guidelines.

271. **Morgan, Kevin, and Roberta Sonnino.** 2010. The urban foodscape: world cities and the new food equation. Cambridge Journal of Regions, Economy and Society, 3(2), 209–224.

272. 慢食是一个20世纪80年代成立于意大利的草根组织；现在，它拥有全球影响力，旨在重振人们对传统烹饪和当地饮食文化的兴趣，并鼓励采购当地新鲜农产品和畜产品。

273. **Bailey, Rob, Antony Froggatt, and Laura Wellesley.** 2014. Livestock–climate change's forgotten sector. Chatham House.

274. **Zezza, Alberto, and Luca Tasciotti.** 2010. Urban agriculture, poverty, and food security: empirical evidence from a sample of developing countries. Food policy, 35: 265–273.

275. **Poulsen, Melissa N., Philip R. McNab, Megan L. Clayton, and Roni A. Neff.** 2015. A systematic review of urban agriculture and food security impacts in low-income countries. Food Policy, 55: 131–146.

276. **Van Veenhuizen, René. and George Danso.** 2007. Profitability and sustainability of

urban and peri-urban agriculture. FAO Agricultural Management, Marketing and Finance Occasional Paper 119. Rome: FAO; FAO (Food and Agriculture Organization of the United Nations). 2012. Growing greener cities: Africa. Accessed June 1, 2017. http://www.fao.org/docrep/016/i3002e/i3002e.pdf.

277. **Personal communication during a visit to TrueFarms.** 2017. http://www.true-farms.com/.

278. **Orsini, Francesco, Remi Kahane, Remi Nono-Womdim, and Giorgio Gianquinto.** 2013. Urban Agriculture in the developing world: a review. Agronomy for sustainable development, 33(4): 695–720.

279. **Qian, Wang.** 2010. China cracks down on heavy metal pollution. China Daily. Accessed June 1, 2017. http://www.chinadaily.com.cn/china/2010-04/10/con-tent_9711092.htm.

280. **Herrle, Peter, Josefine Fokdal, Astrid Ley, and Sonja Nebel.** 2016. The New Urban Agenda: The role of partnerships between organised civil society and governments in fostering a sustainable future for all in cities: Cities Alliance: Cities without Slums.

281. **WHO (World Health Organization).** 2015. Global burden of foodborne diseases. Accessed June 1, 2017. http://www.who.int/foodsafety/areas_work/ foodborne-diseases/ferg/en/.

282. 食品掺假是指通过添加劣质材料或提取有价值的成分来降低食品质量的过程。它不仅包括有意添加或替代物质，还包括食品生长、储存、加工、运输和分销期间的生物和化学污染，并对食品质量降低或退化负责。

283. **FAO (Food and Agriculture Organization of the United Nations).** 2012. Improving food safety and quality along the chain to protect public health, support fair food trade and contribute to food security and economic development. Accessed June 1, 2017. www.fao.org/3/a-i2797e.pdf; FDA (U.S. Food and Drug Administration Center for Food Safety and Applied Nutrition). 2013. FDA's International food safety capacity-building plan. Accessed June 1, 2017. https://www.fda.gov/downloads/food/guidanceregulation/ucm341440.pdf.

284. **Jaffee, Steven.** 2017. Strengthening the case for food safety investments. Unpublished document at the World Bank.

285. **SAI Global.** ISO22000 and IFS international food standard, Accessed June 1, 2017. https://www.saiglobal.com/assurance/food-safety/?regid=4.

286. **Rahmata, Suharni, Chew Boon Cheongb, Mohd Syaiful Rizal Bin Abd Hamidc.** 2016. Challenges of Developing Countries in Complying Quality and Enhancing Standards in Food Industries. Procedia-Social and Behavioral Sciences, 224: 445–451.

287. **FAO (Food and Agriculture Organization of United Nations).** 2005. Codex Alimentarius Commission. Accessed June 1, 2017. ftp://ftp.fao.org/codex/ Publications/ProcManuals/manual_15e.pdf.

288. **GS1 (The global language of business).** Traceability. Accessed June 1, 2017. http://www.

gs1.org/traceability-retail.

289. **Aung, Myo Min, and Yoon Seok Chang.** 2014. Traceability in a food supply chain: Safety and quality perspectives. Food Control, 39: 172–184.

290. **WHO (World Health Organization).** Risk assessment. Accessed June 1, 2017. http://www. who.int/foodsafety/micro/riskassessment/en/.

291. **Shanghai Press Conference.** 2011. Accessed June 1, 2017. http://en.shio.gov.cn/ presscon/2012/01/13/1151771.html.

292. **Cornelsen, Laura, Pablo Alarcon, Barbara Häsler, Djesika D. Amendah, Elaine Ferguson, Eric M. Fèvre, Delia Grace, Paula Dominguez-Salas, and Jonathan Rushton.** 2016. Cross-sectional study of drivers of animal-source food consumption in low-income urban areas of Nairobi, Kenya. BMC Nutrition 2, no. 1: 70.

293. **FAO (Food and Agriculture Organization of United Nations).** Street food. Accessed June 1, 2017. http://www.fao.org/fcit/food-processing/street-foods/en/.

294. Ibid.

295. **Uyttendaele, Mieke, Elien De Boeck, and Liesbeth Jacxsens.** 2016. Challenges in food safety as part of food security: lessons learnt on food safety in a globalized world. Procedia Food Science, 6: 16–22.

296. **FAO (Food and Agriculture Organization of United Nations).** 2011. Guidelines for risk categorization of food and food establishments applicable to ASEAN countries. Accessed June 1, 2017. http://www.fao.org/docrep/015/i2448e/i2448e00. pdf.

297. **ILO (International Labor Office).** 2016. Policy issues on street vending: An overview of studies in Thailand, Cambodia and Mongolia. Accessed June 1, 2017. http://www.ilo.org/ wcmsp5/groups/public/---asia/---ro-Bangkok/documents/ publication/wcms_bk_pb_119_ en.pdf.

298. **Von Holy, A., and F.M. Makhoane.** 2006. Improving street food vending in South Africa: Achievements and lessons learned. International journal of food microbiology, 111(2): 89–92.

299. **Hao, Haihong, Guyue Cheng, Zahid Iqbal, Xiaohui Ai, Hafiz I. Hussain, Lingli Huang, Menghong Dai, Yulian Wang, Zhenli Liu and Zonghui Yuan.** 2014. Benefits and risks of antimicrobial use in food-producing animals. Frontiers in microbiology.

300. **De Passillé, A. M., and J. Rushen.** 2005. Food safety and environmental issues in animal welfare. Revue scientifique et technique-Office international des épizooties 24, no. 2 (2005): 757.

301. Ibid.

302. **Main, D.C.J., S. Mullan, C. Atkinson, M. Cooper, J.H.M. Wrathall, H.J. Blokhuis.** 2014. Best practice framework for animal welfare certification schemes. Trends in Food Science &

Technology, 37 (2): 127–136.

303. **Grace, Delia, Florence Mutua, Pamela Ochungo, Russ Kruska, Kate Jones, Liam Brierley, L. Lapar et al.** 2012. Mapping of poverty and likely zoonoses hotspots. Zoonoses Project 4. Report to the UK Department for International Development. International Livestock Research Institute, Nairobi, Kenya: ILRI.

304. **Berthe, Franck.** 2016. One health: let's not have pandemics get in the way. Accessed June 1, 2017. http://blogs.worldbank.org/health/one-health-let-s-not-have-pandemics-get-way.

305. **Townsend et al.** Future of Food.

306. **Secretariat of the Convention on Biological Diversity.** 2012. Cities and biodiversity outlook. Accessed June 1, 2017. https://www.cbd.int/doc/health/cbo-ac-tion-policy-en.pdf.

307. **UN HABITAT.** 2011. Hot Cities: battle-ground for climate change. Accessed June 1, 2017. http://mirror.unhabitat.org/downloads/docs/E_Hot_Cities.pdf.

308. **Garnett, Tara.** 2011. Where are the best opportunities for reducing greenhouse gas emissions in the food system (including the food chain)? Food Policy 36: S23–S32.

309. **The World Bank.** 2010. Cities and climate change: an urgent agenda. Accessed June 1, 2017. http://siteresources.worldbank.org/INTUWM/ Resources/340232-1205330656272/ CitiesandClimateChange.pdf.

310. **EPA (United States Environmental Protection Agency).** Heat islands. Accessed June 1, 2017. https://www.epa.gov/heat-islands/using-trees-and-vegetation-reduce-heat-islands.

311. **FAO (Food and Agriculture Organization of the United Nations).** Food for the cities. Accessed June 1, 2017. ftp://ftp.fao.org/docrep/fao/011/ak003e/ak003e.pdf.

312. **Altenburg, Tilman, Elmar Kulke, Aimée Hampel-Milagrosa, Lisa Peterskovsky, and Caroline Reeg.** 2016. Making retail modernisation in developing countries inclusive. German Development Institute Discussion Paper 2: 2016.

313. **The Water, Energy & Food Security Resource Platform.** Nexus Platform. Accessed June 1, 2017. https://www.water-energy-food.org/about/introduction/.

314. **Otoo, M. and P. Drechsel.** 2015. Resource recovery from waste: Business models for energy, nutrient and water reuse. IWMI and Earthscan (in press) M. Otoo et al 268.

315. **Deelstra, T., & Girardet, H.** 2000. Urban agriculture and sustainable cities. Bakker N., Dubbeling M., Gündel S., Sabel-Koshella U., de Zeeuw H. Growing cities, growing food. Urban agriculture on the policy agenda. Feldafing, Germany: Zentralstelle für Ernährung und Landwirtschaft (ZEL), 43–66.

316. **FAO (Food and Agriculture Organization of the United Nations).** Food for the cities. Accessed June 1, 2017. ftp://ftp.fao.org/docrep/fao/011/ak003e/ak003e05.pdf.

317. **The United Nations.** 2003. Water for people, water for life, Accessed June 1, 2017. http://

www.un.org/esa/sustdev/publications/WWDR_english_129556e.pdf.

318. **Satterthwaite, David.** 1999, The links between poverty and the environment in urban areas of Africa, Asia and Latin America. The Annals of the American Academy of Political and Social Science, 590 (1): 73–92.

319. **Daigger, Glen T., Joshua P. Newell, Nancy G. Love, Nathan McClintock, Mary Gardiner, Eugene Mohareb, Megan Horst, Jennifer Blesh, and Anu Ramaswami.** 2015. Scaling up agriculture in city-regions to mitigate FEW system impacts; Drechsel, Pay, Bernard Keraita, Olufunke O. Cofie, and Josiane Nikiema. 2015. Productive and safe use of urban organic wastes and wastewater in urban food production systems in low-income counties. Cities and Agriculture: Developing Resilient Urban Food Systems, 162.

320. **EPA (United States Environmental Protection Agency).** Green infrastructure. Accessed June 1, 2017. https://www.epa.gov/green-infrastructure/ what-green-infrastructure#downspou tdisconnection.

321. **De Zeeuw and Drechsel.** Role of urban agriculture.

322. **Cramer, Jacqueline.** 2017. The Raw Materials Transition in the Amsterdam Metropolitan Area: Added Value for the Economy, Well-Being, and the Environment. Environment: Science and Policy for Sustainable Development, 59 (3): 14–21.

323. **Environment.** 2017. The raw materials transition in the Amsterdam Metropolitan Area: Added value for the economy, well-being, and the environment. Accessed August 1, 2017. http://www.environmentmagazine.org/ Archives/Back%20Issues/2017/May-June%202017/ raw_materials_full.html.

324. **FAO (Food and Agriculture Organization of the United Nations).** Water-Energy-Food-Nexus. Accessed June 1, 2017. http://www.fao.org/energy/water-food-energy-nexus/en/.

325. **RUAF Foundation.** Urban agriculture: what and why?. Accessed June 1, 2017. http://www. ruaf.org/urban-agriculture-what-and-why.

326. **EPA (United States Environmental Protection Agency).** Green infrastructure. Accessed June 1, 2017. https://www.epa.gov/green-infrastructure/reduce-urban-heat-island-effect.

327. **Lin, Brenda B., Stacy M. Philpott, and Shalene Jha.** 2015. The future of urban agriculture and biodiversity-ecosystem services: challenges and next steps. Basic and applied ecology 16(3), 189–201; Jackson, L., K. Bawa, U. Pascual, and C. Perrings. 2012. Agrobiodiversity: a new science agenda for biodiversity in support of sustainable agroecosystems. DIVERSITAS report N 4.

328. **Hotspots.** Conservation International. Accessed June 1, 2017. http://www.conservation.org/ How/Pages/Hotspots.aspx.

329. **Barthel, Stephan, John Parker, and Henrik Ernstson.** 2013, Food and green space in

cities: A resilience lens on gardens and urban environmental movements, Urban Studies, 52 (7): 1–18.

330. **FAO (Food and Agriculture Organization of the United Nations).** 2011. Urban and peri-urban agriculture. Accessed June 1, 2017. http://www.fao.org/docs/ eims/upload/215253/ briefing_guide.pdf.

331. **Salbitano, Fabio, Simone Borelli, M. Conigliaro, and Chen Yujuan.** 2016. Guidelines on urban and peri-urban forestry. FAO Forestry Paper (FAO) eng no. 178; Salbitano, Fabio, Simone Borelli, and Giovanni Sanesi. 2015. Urban forestry and agroforestry. Cities and Agriculture: Developing Resilient Urban Food Systems, 285; Bottalico, Francesca, Gherardo Chirici, Francesca Giannetti, Alessandro De Marco, Susanna Nocentini, Elena Paoletti, Fabio Salbitano, Giovanni Sanesi, Chiara Serenelli, and David Travaglini. 2016. Air pollution removal by green infrastructures and urban forests in the city of Florence. Agriculture and Agricultural Science Procedia, 8: 243–251.

332. **FAO (Food and Agriculture Organization of the United Nations).** 2016. Building greener cities: nine benefits of urban trees. Accessed June 1, 2017. http://www.fao.org/zhc/detail-events/en/c/454543/.

333. **Berte, Charles Jacques.** 2010. Fighting sand encroachment: lessons from Mauritania. No. 158. Food and Agriculture Organization of the United Nations (FAO) Forestry Paper.

334. **Georgia McCafferty.** 2017. The rise of the urban jungle. CNN. Accessed August 1, 2017. http://www.cnn.com/style/article/urban-forests-osm/index.html.

335. **ICLEI-Local Governments for Sustainability.** Cityfood: An ICLEI/RUAF initia-tive. Accessed June 1, 2017. http://www.iclei.org/index.php?id=1348.

图书在版编目（CIP）数据

城市化进程中的粮食体系研究 ／ 联合国粮食及农业
组织，世界银行编著；安全等译. —北京：中国农业
出版社，2021.10
（FAO中文出版计划项目丛书）
ISBN 978-7-109-28931-4

Ⅰ.①城⋯　Ⅱ.①联⋯②世⋯③安⋯　Ⅲ.①粮食-
保障体系-研究-世界　Ⅳ.①F316.11

中国版本图书馆CIP数据核字（2021）第239399号

著作权合同登记号：图字01-2021-2161号

城市化进程中的粮食体系研究
CHENGSHIHUA JINCHENGZHONG DE LIANGSHI TIXI YANJIU

中国农业出版社出版
地址：北京市朝阳区麦子店街18号楼
邮编：100125
责任编辑：郑　君
版式设计：王　晨　责任校对：沙凯霖
印刷：中农印务有限公司
版次：2021年10月第1版
印次：2021年10月北京第1次印刷
发行：新华书店北京发行所
开本：700mm×1000mm　1/16
印张：11
字数：220千字
定价：89.00元